リーダーのための道元禅入門

飯塚　保人
Iizuka Yasundo

これからのリーダー諸君！

あなたの「心」がみるみる変わる！

生き　　　　で
あな　　　　ーアップ！

リーダーに必須の「道元禅の考え方」

大きな震災や津波、そして世界的なコロナ禍。さらにはロシアのウクライナ侵攻。私たちは、いまなお「無常」な時代に生きています。「無常」は、正しくは「宇宙は常に流転し変化している」という認識・世界観を表す言葉です。

無常な世界を前にして、私たちは、往々にして無力感に襲われます。しかし、道元に「志の至らざるは無常を思わざる故なり」という言葉があります。むしろ無常を思わないから、志が徹底できないのだ、と言っているのです。無常だからこそ、一期一会を大切にする。無常だからこそ、いまここでできることに全精力を傾ける。道元は、無常をプラスのエネルギーにとらえた宗教家であり、哲学者であり、教育者でした。

道元は、時間と空間の交点と言っています。その言葉は難解なものが多いのですが、詩的で美しく、８００年近くを経てもいまなお、私たちに多くことを教えてくれます。経営コンサルタントである私も、道元から多くのことを学び、その指導に生かしています。

道元の教えは、身心脱落《しんじんだつらく》であり、そのためには只管打坐《しかんたざ》、ひたすら坐禅をすることです。私も毎日坐禅をするとともに、坐禅会も開催していますが、まずは道元という人に、興味をもって知ってもらうことが第一です。そのための入門書として、本書を書きました。

本書は、多角的な6章構成になっています。まずは、どうすれば道元禅の考え方を、仕事や生活に活かせるのか、理論や背景は後にして、先に、仕事や生活を変えていくための方法を具体的に指南します。次に、道元禅の「一体一如《いったいいちにょ》」と「身心脱落」について解説します。

続けて、より道元思想の神髄に触れていただきたく、道元の書いた『現成公案《げんじょうこうあん》』を読み込みます。そして、より幅広く道元禅の思想を日常で活かせるように、とくにリーダーを意識しつつ、示唆に富む道元の言葉を多く取り上げてコメントしました。

道元の人柄と魅力を感じ、その思想の背景も理解していただければと思います。最後に、坐禅をするための具体的な方法についてまとめています。

本書がきっかけとなり、道元禅に興味をもち、坐禅を始めるとともに、その教えを生活や仕事の中で生かしていただければ幸いです。

一般社団法人経営禅研究会代表理事
ＩＳＫ経営塾塾頭／経営コンサルタント
マネジメント禅マスター協会理事
飯塚　保人

第3章 道元思想のエッセンス――『現成公案』を解読する

第4章 リーダーに贈る道元の言葉

第5章
リーダーにに必要な「坐禅」のススメ

補章
エピソードでたどる道元の生涯

第1章 どうすればリーダーは道元禅を活かせるのか

夢中になる

夢中になることは、簡単そうで、実は意外と簡単ではありません。好きなことなら、誰でも夢中になれます。しかし、好きになれないことや与えられたことだと、なかなか意欲が湧かないものです。

そんなとき、どうすればいいのでしょうか。まずはやってみることです。どんなことでも、真剣に取り組んでみることです。そして、続けることです。案ずるより生むがやすし。やること・やり続けることのなかから、新たな気づきがあります。発見があります。中途半端ではいけません。真面目に本気で継続的に取り組まないと、見えてくるべきものも見えてきません。「継続は力なり、さらに継続は宝なり」です。

「いま・ここ」にあることに、「ただ・ひたすら」集中し打ち込むのです。時間と空間の交点である「いま・ここ」は、「いま・ここ」にしかありません。過去や未来は関係ありません。過去への執着、未来への妄想をやめ、「いま・ここ」にのみ集中するのです。そういうクセをつけるのです。過去や未来の際を断ち、今に集中して生きる教えを、「前後際断《ぜんごさいだん》」と言います。道元の『現成公案《げんじょうこうあん》』の中にも出てきます（46ページ参照）。

よく若い人が、「自分のやりたいことがわからない、見つからない」と言います。それは、案じてばかりいるからです。やってみても、中途半端で本気度が足りないからです。「天職を見つける」と言いますが、運良く天職にめぐりあえる人もなかにはいるでしょう。しかし、たいていの人は、見つかりません。もともと天職とは見つけるものではないからです。どんなことでも、真剣に本気で取り組むことで、それが天職だと気づき、天職だと思えるようになり、天職になるのです。探すのではなく創るのです。

「無我夢中」と言いますが、夢中になると我を忘れるものです。我を忘れるほど夢中になることがポイントです。我を忘れると、その無になった自分に、宇宙の真理が自ずと流れ込んでくるのです。

こうしたマインドセットを身につける早道は坐禅です。坐禅とは「いま・ここ」に集中し、「ただ・ひたすら」自分を無にする行為です。

道元禅では、それを「只管打坐《しかんたざ》」と言います。出家している人は、一日に何時間も坐禅をしますが、そうでない私たちは、1日5分でも10分でも構いません。まずは、やってみることです。

また、坐禅以外の仕事や生活でも、坐禅同様「いま・ここ」に「ただ・ひたすら」に、真剣に取り組みましょう。道元禅にとっては、そうした仕事や生活の一切も修行だからです。何事でも、ただひたすら夢中になることで、あなた人生は確実に変わります。

足元を見る

「燈台もと暗し」と言いますが、私たちは、前ばかりを見ていて、足元を見ることを忘れがちです。必要なもの・大切なもの・宝は、いつも私たちの足元にあります。誰でも「いま・ここ」で、すぐにできることが足元にあるのです。

ビジネスでいちばん大切なことは、健康管理です。「健全な精神は健全な肉体に宿る」と言います。精神と肉体は不可分です。健康な肉体があって、本当に健全な精神が育まれ、元気・勇気・やる気が出てきます。某格闘家ではありませんが、元気があれば何でもできます。まずは、健康という自分の足元を大切にすることですが、これは大前提に過ぎません。

自分の足元とは、外に対しては自分自身でもあります。何事も起こった問題は、外部に原因を求めるのではなく、自分に問題があると考えるのです。矢印を自分に向けることです。たとえ外部に問題があったとしても、それを自分の問題として、どう解決するかを考えること、これが大切です。すべて我が事とする。そうすることで、人間はより成長できるのです。

さらに、世の中には、いろいろな問題があります。たとえば、地球温暖化問題です。これを防止するには、まずは、二酸化炭素の排出量を減らすために、家で使う電気の節約に努めたり、なるべく自動車を使わなかったりすることです。そうした足元にある自分にできることをないがしろにして、いくら議論をしても意味がありません。すべての人がそうした行いを心がければ、大きな効果を生むことは明らかです。

まずは、自分にできることから始めること。大事なことは足元にある。チルチル・ミチルが探す幸せの『青い鳥』も、実は自分の家にいたというお話でした。そう、幸せも足元にあるのです。いまここが幸せだと思うことです。

禅の言葉では、「照顧脚下《しょうこきゃっか》」と言います。寺院の玄関に「照顧脚下」と書いた看板などを見かけることがあります。直接的には「足元に注意しなさい＝足元の靴をそろえましょう」という意味合いもありますが、照顧＝用心する・注意する・反省する、脚下＝足元の意味で、「自分の足元に注意を向け、見つめ直せ」という教えなのです。

比較しない

現代は競争の時代です。資本主義では、自由競争は当然ですが、それでも高度経済成長期など、全体のパイそのものが大きくなっていた時代は、競争することでパイがますます大きくなり、多くの人にその分配がまわってきました。

しかし、低成長の現代では、限られたパイの取り合いとなり、いわゆる「勝ち組」と「負け組」が生まれるようになりました。さらに、その悪循環から、格差はいっそう拡大しています。それは、経済的格差だけでなく精神的格差や強度のストレスを生じさせ、自ら命を断つ人までを産み出しています。

こうした状況に私たちは、どう対処すればいいのでしょうか？　それは「比較しない」ということです。人は、どうしても他人と比較して、その人をうらやんだり、自分をさげすんだりしがちです。人は、比較するから、悩みや苦しみが生じるのです。比較こそが、悩みや苦しみの根源です。この悪しき性癖・習慣は、意識的に排除しないと、なかなか克服できません。

わかりやすくいえば、「ナンバーワン」を目指すのではなく「オンリーワン」を目指すことです。そのためには、すでに書いたように「いま・ここ」にあることに、「ただ・ひたすら」に集中することです。自分を甘やかすことなく、毎日真剣勝負で仕事や生活をしていくことです。そうすれば、比較する必要はなくなり、自ずと比較することはなくなっていきます。

道元の『現成公案』にも、「大にあらず 小にあらず 自にあらず 他にあらず」という言葉が出てきます（54ページ参照）。これは、「私たちの道や世は、大きなものでもなく、小さなものでもなく、自分のものでもなく、他人のものでもない。あるがままにあるもの」という意味です。「あるがまま」は、何事も、そのまま・ありのままに受け入れ「比較しない」ことがポイントです。

仕事に、大きな仕事も小さな仕事もありません。職業に貴賤はない、つまり貴い仕事も賤しい仕事もありません。比較するから、そうした違いが生まれるのです。とにかく比較をしないことが肝要です。

禅では、これを「両忘《りょうぼう》」と言います。両方＝２つのことを忘れることです。私たちは、生と死、苦と楽、善と悪など二項対立的に物事を考えがちです。しかし、そうした発想が比較することにつながります。禅は、相対的立場ではなく絶対的立場をとります。二項対立を超えた真理があると考えるのです。

こだわらない

最近では、「こだわりの味」とか「こだわりの逸品」とか、「こだわり」はいい意味で使われることが多いようです。しかし、「こだわる」とは、「些細なこと、ちょっとしたこと、どうでもいいことにとらわれる」という意味で、本来は、あまりいい意味ではありません。

そもそも、些細なことにとらわれていては、視野が狭くなり、何事も、全体的、大局的に見ることができません。こだわりは執着であり、無になることの妨げになります。「こだわり抜く」のではなく「こだわり〝を〟抜く」のです。前述の「夢中になる」の項でも書きましたが、「無我夢中」、すなわち、「我を忘れ、我を無にする」ことが大切なのです。

しかし、人は、「我のまんま」＝「わがまま」なもので、なかなか我を忘れることはできません。我を忘れるポイントは、素直になることです。素直になることは「無」につながり、人の言うことはもちろん、向こうから、いろいろな情報が流れ込んできます。

素直になれば、乾いたスポンジが水を吸うように、人の意見なども受け入れられます。そして、本当に無になっていれば、宇宙の真理までもが流れ込んできます。しかし、無になっておらず、たっぷり水を含んでいると、それ以上は吸えません。人の意見も受け入れられず、有用な情報も入ってきません。

禅では、こうして身も心も、無にし脱落させることを「身心脱落《しんじんだつらく》」と言います。我やこだわりなど、余分なものを一切脱落させることを意味しています。道元も『現成公案』で説いています（44ページ参照）。

注意していただきたいのは、「心身」ではなく「身心」、すなわち心より身が先ということです。「健全な精神は健全な肉体に宿る」の考え方です。頭で考えるより、身体を先に動かすことです。体は心のキーボードです。まず、身体を動かす、やってみる、坐禅をする。そうした「身」優先の行動を続けることで、こだわらない体質となり、無の境地につながっていくのです。

一体になる

誰でも、人と共感し、連帯感をもち、以心伝心で心がひとつになると嬉しいものです。友人・恋人・夫婦・家族・グループ・集団・組織、いずれでもいえることです。一体になる相手は、人とは限りません。優れた人は、すべての対象と一体になっています。画家は絵と、書家は言葉と、小説家は物語と、カメラマンは被写体と、ヨットマンはヨットと、騎手は馬と……。その意味で、「一体になる」

ことは大切です。一体となり、心がひとつになれば、すべてがうまく行きます。大きな力を発揮し、大きな成果を残せます。

すでに書いてきたように、何かに夢中になり、足元をしっかりと見て、比較をせず、こだわりを捨てることができれば、自ずと対象と一体になってきます。しかし、これは簡単なようで、なかなかできないかもしれません。そこで、お薦めしたいことは、「真似る」ということです。

「真似る」というと、「物真似」など、あまりいいイメージはないかもしれませんが、「学ぶ」の語源は、実は「真似ぶ」なのです。まずは、真似ることから学びは始まります。職人に弟子入りすると、なかなか教えてもらえず、「技を盗め」と言われます。まずは、「真似る」ことが第一歩なのです。

そして、ただ真似るのではなく、師と思える人を見つけて真似ることです。自分にとって、師と思える人を見つけることは、簡単ではありません。道元も、本当の師に出会えるまで、10年近くかかっています。しかし、現代はネットで何でも探せる時代です。「これだ」と思える文章や動画を見つけることができたら、その人の書き込みや著作を徹底して学ぶことです。「私淑《ししゅく》」という言葉があります。会わなくても、一方的に師と思って学ぶことです。もちろん、会いに行って、直接学んでもいいでしょう。

さらに、仕事では、お客様やパートナーとも一体になることを心がけましょう。「お客様の立場に立つ」とよく言いますが、それだけでは不十分です。真のお客様本位とは、お客様と一体になることです。お客様の身になって、なりきって対応することです。

取引先では、発注者と受注者の上下関係が存在し、往々にして発注者の方が強くなりがちです。しかし、真のパートナーとは、パートナーの身になりきって平等で一体の関係であることです。目的は同じです。ともに目的とひとつになったＷｉｎ―Ｗｉｎの関係を築くことができるかに、ビジネスの成功はかかっています。

禅では、対象と一体となって行動することを「一体一如《いったいいちにょ》」と言います。ポイントは、「一体」だけでなく「一体一如」であるということです。これは、単に一体になるだけでなく、そのうえで行動するニュアンスを含んでいます。詳しくは次章で解説します。

そして、この「一体一如」と「身心脱落」に焦点を当て深掘りしていきます。

第2章
リーダーが知るべき 一体一如と身心脱落

一体一如とは

禅の考え方は、難しいとよく言われます。そのひとつの理由は、論理的思考で理解しようとしているからです。科学技術の進展で、現代では誰もが論理的な考え方に慣れているため、なかなか考え方の違いを理解できません。

科学は、形式論理的で相対的立場ですが、禅は、絶対的立場を取ります。形式論理でいう矛盾は、現実にはあってはならないことになりますが、禅においては矛盾が事実です。禅は事実をありのままに受け止め、事実のみを語るのです。

禅の極意は「一体一如《いったいいちにょ》」、つまり、ひとつになりきることです。個と全体は、対立ではなく一体と考えます。その意味で、相対ではなく絶対的立場なのです。注意すべきは、単にひとつに「なる」のではなく、「すべて」ひとつに「なりきる」ことです。

道元は、「一体」という言葉はあまり使わず、「一如」という言葉を多用していますが、2つの言葉は分けて考えた方が、理解は深まると思います。

「一体」とは、万物と有機的関係に立つことを意味し、「一如」とは、万物と有機的に動き行動することを意味します。つまり、一体は一如の前提となっており、行動の前に一体になっている必要があります。その意味で、道元の言う「一如」には、「一体」も含まれており、イコール「一体一如」を意味していると考えられます。

禅には「無自性」という言葉がありますが、これが「一体」ということです。すべての事物は、有機的組み合わせで成り立ち、個別独自の特性はないということです。

たとえば、眼は体の中にあって初めて眼として物が見え、機能することができます。しかし、体から取り出せば、当然眼としての働きはできなくなります。体の中の一部ですが、体と一体なのです。

また、地球は自転し公転しているのにそれを感じないのは、地球と人間が一体になっているからです。動いているバスも同じことです。バスと乗っている人は別物ですが、走っているときは一体です。急ブレーキがかかると、人は倒れ、一体ではなくなり、一体感がなくなります。

この一体感こそが大切なのです。馬術では、その極意は「人馬一体」といいます。「鞍上に人なく鞍下に馬なし」の境地です。

また、禅に限らず仏教では「無常」とよく言いますが、これは、「万物は常ならず」ということで、「自己を含めて一体として常ならず」であり、つまり「一如」ということになります。

言い換えると、無自性とは「一体」のことであり、静的で、存在や関係性を示しますが、無常とは「一如」であり、動的で、運動や行動・参加を示します。もっと言えば、「一体」は空間的ですが、「一如」は時間的であり、「一体一如」で、世界のあり方を表現しているとも言えます(下記表参照)。

一体	一如
無自性	無常
存在	運動
関係性	行動・参加
静的	動的
空間的	時間的

身心脱落とは

以上からわかるように、「一体一如」は、自然の公理です。宇宙の法則なのです。そのため、私たちは、日々の生活で「一体一如」を心がけることが大切です。万物は、一体として存在し、一如として行動しているのに、私たち人間は、なかなか一体にも一如にもなりきれません。

「一体一如」になるためには、知るでもなく、見るでもなく、観ずるでもなく、「感じる」ことが大切ですが、一体感をもって感じることが必要です。そのためには、行動・参加することが不可欠です。ここで大切なのは、自意識を持ったまま行動するのではなく、完全に無心になり、無なる自己にあらゆる事物が流れ込むようにすること、つまり「身心脱落《しんじんだつらく》」です。

道元は、只管打坐《しかんたざ》、すなわちひたすら坐禅をすることが身心脱落への最良の道であると説きました。もちろん、現代でも坐禅は、最良の道であることに変わりありません。

自我を忘れ、あらゆるこだわりを捨て、何事にでも無我夢中になり、無心になることです。無心になると、宇宙の法則とシンクロし、宇宙とも一体になれ、宇宙を味方にすることができるのです。野球でバッターの極意は、『無心』に構えて『一心』に打つ」です。つまり、構えは「0」（無我）であり、行動は「1」（一如）なのです。まさに、悟りの境地です。

悟りを得ることは、いいアイデアが閃《ひらめ》くメカニズムと似ています。ひと口で言えば、緊張の連続の後の弛緩（リラックス）です。いいアイデアは、よくお風呂やトイレの中で思いつくと言いますが、これはリラックスした環境での、ある瞬間なのです。

ただし、いいアイデアを思いつくには、それ以前に、大量の情報収集や思考プロセスが欠かせません。これが緊張の連続に該当します。言い換えれば「煮詰める」ことが必要です。よく「煮詰まる」を「行き詰まる」の意味で使っている人がいますが、これは間違いです。次のステージに進むにはとにかく徹底的に煮詰めること。そうした時間の経過と作業や思考の積み重ねがあって、初めてリラックスしているときに、いいアイデアが生まれる瞬間が得られるのです。

身心脱落も似ています。やはり、緊張を伴う長い修行があってこそ、坐禅のときに身心脱落し、悟る瞬間が訪れるのです。ちなみに、初心者には、坐禅は緊張を伴う修行に思えるかもしれませんが、慣れれば、リラックスできる身心脱落を得るための近道なのです。

只管打坐により、身心脱落し、一体一如となり、全機現《ぜんきげん》、すなわち、「全ての機能を現《あ》らしめ」、人生を全面開花させる。これこそが、道元禅の基本構造であり、核心でもあるのです。

第3章

道元思想のエッセンス——『現成公案』を解読する

『現成公案《げんじょうこうあん》』とは

『現成公案』とは、道元の主著『正法眼蔵《しょうぼうげんぞう》』に含まれる文書です。

現成公案の言葉の意味は、直訳としては、現成＝現に成り立っている世界、公案＝公文書・決裁案件・課題といった意味で、「現世界の課題」とも訳せそうですが、むしろ、その中身の意味するものを汲んで、「悟りの実現」「真理の顕現」「完全行動」「現象界のすべてが活きた仏道である」「一切の上に仏法が現れている」「現実の世界を判決にさらされた案件として吟味する」など多様な訳があります。

なお、本文中にも「現成公案す」「現成公案なり」という表現が出てきますが、そこでは「真実があるがままに現れる」と訳しています。

さて『正法眼蔵』についてですが、道元が生涯をかけて執筆した未完の書で、全100巻を想定していたと言われています。しかし、当時は写本であったためか、いくつもの版があります。

道元自身により１２４５年までに書かれた旧草の75巻本、１９３６年に発見され、道元晩年の発病後に編まれた新草の12巻本（75巻本と重複はなし）のほか、永平寺5世の義雲が編んだと言われる60巻本、永平寺に秘蔵されている28巻本（60巻本と重複はなし）、道元の執筆年次に従って江戸時代に編まれた「本山版」と言われる95巻本などがあります。

執筆年次による95巻本では、『現成公案』は3巻目として掲載されていますが、75巻本では、第1巻として冒頭に置かれています。２４００字程度の比較的短い文書ですが、『正法眼蔵』の基本的考え方を端的に示しており、これを読むだけでも、道元の禅思想のエッセンスに触れることができます。

それもそのはず、道元自身が後に編集して『現成公案』を冒頭に配置したと言われているためです。しかも、『現成公案』の最後には、「これは、天福元年（１２３３年）中秋（8月15日夜）の頃に書いて、九州大宰府の俗弟子楊光秀に与えたものである」との註釈が添えられています。

つまり、この文書は、自分の俗弟子（出家していない弟子）宛てに書いた私信だったのです。そのため、教え諭すような啓蒙的な雰囲気も感じられ、難解ではありながら、一般の人がまず読むには、最適な文書だといえましょう。

私自身も、意味がわからないうちから、覚えるほど音読し味わってきましたし、自分が書いた経営書にも、原文のまま全文を掲載したこともあるほど大切なものです。

世に『現成公案』の訳文は何十もあり、ひとつとして同じものはないほど、解釈はさまざまです。原文には、段落などの切れ目も小見出しもなく、どこで段落分けをするかによって解釈も違ってきますが、便宜的に小見出しも入れています。

前著『禅で変わる勇気』にも『現成公案』の訳文を掲載しましたが、本書では、より詳しく解きほどいた訳文とし、解釈を変更している部分もあることを、お断りしておきます。

また、今回は対訳ではなく、原文と訳文を分けて掲載しています。『現成公案』は難解ですが、思想詩とも言われる詩的で美しい文章です。先に原文全文を掲載しますので、意味がわからなくて構いませんので、まずは通読、できれば音読してみてください。まさに『声に出して読みたい日本語』でもあります。

『現成公案』原文

❖ 1―序

諸法の仏法なる時節　すなはち迷悟あり　修証《しゅしょう》あり
生《しょう》あり　死あり　諸仏あり　衆生《しゅじょう》あり
万法《まんぽう》ともに　われにあらざる時節　まどひなく　さとりなく
諸仏なく　衆生なく　生なく　滅なし

仏道もとより豊倹《ほうけん》より跳出せるゆゑに
生滅《せいめつ》あり　迷悟あり　生仏《しょうぶつ》あり

しかもかくのごとくなりといへども
華《はな》は愛惜《あいじゃく》にちり　草は棄嫌《きけん》におふるのみなり

――訳文・解説は58ページ

❖2―悟り・一如

自己をはこびて　万法を修証するを　迷《めい》とす
万法すすみて　自己を修証するは　さとりなり

迷を大悟するは諸仏なり　悟《ご》に大迷なるは衆生なり
さらに　悟上に得悟する漢《かん》あり　迷中又《う》迷の漢あり

諸仏のまさしく　諸仏なるときは　自己は諸仏なりと
覚知することをもちゐず　しかあれども証仏なり　仏を証しもてゆく

身心を挙《こ》して色《しき》を見取し　身心を挙して声を聴取するに
したしく会取《えしゅ》すれども　かがみにかげをやどすがごとくにあらず
水と月とのごとくにあらず　一方を証するときは　一方はくらし

——訳文・解説は61ページ

❖ 3—身心脱落

仏道をならふといふは　自己をならふなり
自己をならふといふは　自己をわするるなり
自己をわするるといふは　万法に証せらるるなり
万法に証せらるるといふは
自己の身心および他己の身心をして脱落せしむるなり
悟迹《ごせき》の休歇《きゅうかつ》なるあり　休歇なる悟迹を長長出《しゅつ》ならしむ

人　はじめて法をもとむるとき　はるかに法の辺際《へんざい》を離却《りきゃく》せり
法　すでにおのれに正伝《しょう》するとき　すみやかに本分人《ほんぶんにん》なり
人　舟にのりてゆくに　目をめぐらして　きしをみれば
きしのうつるとあやまる
めをしたしくふねにつくれば　ふねのすすむをしるがごとく
身心を乱想して　万法を弁肯《べんこう》するには　自心自性《じしょう》は常住なるかとあやまる
もし行李《あんり》をしたしくして　箇裏《こり》に帰《き》すれば
万法のわれにあらぬ道理あきらけし

――訳文・解説は63ページ

❖4──一体と時間（前後際断）

たきぎは　はひとなる　さらにかへりて　たきぎとなるべきにあらず

しかあるを　灰はのち　薪《たきぎ》はさきと　見取すべからず

しるべし　薪は薪の法位に住《じゅう》して　さきあり　のちあり

前後ありといへども　前後際断せり

灰は灰の法位にありて　後《のち》あり　先あり

かの薪　はひとなりぬるのち　さらに薪とならざるがごとく

人のしぬるのち　さらに生《しょう》とならず

しかあるを　生の死になるといはざるは　仏法のさだまれるならひなり
このゆゑに不生《しょう》といふ
死の生にならざる　法輪《ほうりん》のさだまれる仏転《ぶってん》なり
このゆゑに不滅《ふめつ》といふ
生も一時《ひととき》のくらゐなり　死も一時のくらゐなり
たとへば　冬と春とのごとし
冬の春となるとおもはず
春の夏となるといはぬなり

――訳文・訳文・解説は65ページ

❖5―一体と空間（悟りとは）

人の悟《さとり》をうる　水に月のやどるがごとし
月ぬれず　水やぶれず

ひろくおほきなる光にてあれど　尺寸の水にやどり　全月も弥天《みてん》も
くさの露にもやどり　一滴の水にもやどる

悟の人をやぶらざること　月の水をうがたざるがごとし
人の悟を罣礙《けいげ》せざること　滴露《てきろ》の天月を罣礙《けいげ》せざるがごとし

ふかきことは　たかき分量なるべし
時節の長短は　大《たい》水小水を検点《けんてん》し　天月の広狭を弁取すべし

——訳文・解説は68ページ

❖6―一体と充足

身心に法いまだ参飽《さんぼう》せざるには　法すでにたれりとおぼゆ

法もし身心に充足すれば　ひとかたは　たらずとおぼゆるなり

たとへば　船にのりて　山なき海中にいでて　四方《よも》をみるに

ただまろにのみみゆ　さらにことなる相《そう》　みゆることなし

しかあれども　この大海　まろなるにあらず　方《ほう》なるにあらず

のこれる海徳　つくすべからざるなり

宮殿のごとし　瓔珞《ようらく》のごとし

ただ　わがまなこのおよぶところ　しばらく　まろにみゆるのみなり
かれがごとく　万法もまたしかあり
塵中格外《じんちゅうかくがい》　おほく様子を帯《たい》せりといへども
参学眼力のおよぶばかりを　見取会《え》取するなり
万法の家風をきかんには　方円とみゆるよりほかに　のこりの海徳山徳
おほく　きはまりなく　よもの世界あることをしるべし
かたはらのみ　かくのごとくあるにあらず
直下《じきげ》も一滴も　しかあるとしるべし

――訳文・解説は70ページ

❖ 7——修行への誘い

魚《うお》の水を行《ゆ》くに　ゆけども水のきはなく
鳥そらをとぶに　とぶといへども　そらのきはなし

しかあれども　魚鳥《ぎょちょう》いまだむかしより　みづそらをはなれず
ただ用大のときは使《し》大なり　用小のときは使小なり

かくのごとくして　頭頭《ずず》に　辺際をつくさずといふことなく
処処に　踏飜《とうほん》せずといふことなし　といへども　鳥もしそらをいづれば
たちまちに死す　魚もし水をいづれば　たちまちに死す

以水為命《いすいいみょう》しりぬべし　以空為命しりぬべし
以鳥為命あり　以魚為命あり
以命為鳥なるべし　以命為魚なるべし

このほかさらに進歩あるべし　修証あるべし
その寿者命者《じゅしゃみょうしゃ》あること　かくのごとし

しかあるを　水をきはめ　そらをきはめてのち
水そらをゆかんと擬《ぎ》する鳥魚あらんは　水にも　そらにも
みちをうべからず　ところをうべからず

このところをうれば　この行李《あんり》したがひて現成《げんじょう》公案す
このみちをうれば　この行李したがひて現成公案なり

このみち　このところ　大にあらず　小にあらず　自にあらず　他にあらず
さきよりあるにあらず　いま現ずるにあらざるがゆゑに　かくのごとくあるなり

しかあるがごとく　人もし仏道を修証するに
得一法　通一法なり　遇一行　修一行なり

これにところあり　みち通達せるによりて　しらるるきはの　しるからざるは
このしることの　仏法の究尽《くじん》と同生《しょう》し同参するゆゑに　しかあるなり

得処《とくしょ》　かならず自己の知見となりて
慮知《ぎち》にしられんずると　ならふことなかれ
証究《しょうきゅう》　すみやかに現成すといへども
密有《みつう》　かならずしも現成にあらず
現成　これ可必《かひつ》なり

——訳文・解説は73ページ

❖8—悟りと実践

麻谷山宝徹禅師《まよく》　あふぎをつかふ　ちなみに　僧きたりてとふ
風性常住《ふうしょう》　無処不周《むしょふしゅう》なり　なにをもてか　さらに和尚　あふぎをつかふ

師いはく　なんぢただ風性常住をしれりとも　いまだところとして
いたらず　といふことなき　道理をしらずと

僧いはく　いかならんか　これ無処不周底《むしょふしゅうてい》の道理

ときに師あふぎをつかふのみなり

僧　礼拝《らいはい》す

仏法の証験　正《しょう》伝の活路　それかくのごとし
常住なれば　あふぎをつかふべからず
つかはぬおりも　風をきくべしといふは
常住をもしらず　風性をもしらぬなり
風性は常住なるがゆゑに　仏家の風は
大地の黄金なるを　現成せしめ　長河の酥酪《そらく》を参熟せり

——訳文・解説は76ページ

これは、天福元年中秋のころ、かきて鎮西《ちんぜい》の俗弟子　楊光秀《ようこうしゅう》にあたふ
建長　壬子拾勒《みずのえねしゅうろく》

『現成公案』訳文・解説

❖ 1—序

訳文

仏法的な理解・認識する立場からすれば、あるゆる事象・事柄の関係を説明すると、迷いも悟りも、生も死も、仏も衆生も、そのままの姿で確かに存在します。

しかし、「われにあらざる」すなわち無我の境地から認識すると、言い換えれば「身心脱落」すれば、諸仏や衆生、生や滅など、そうした区別は一切なくなります。

仏道的な行動・実践する立場からすれば、相対的な考え方を超越し、生滅も、迷悟も、生仏も、「一体一如」としてあることになります。

そうであったとしても、私たち人間は、愛でる花が散れば惜しい気持ちが起き、雑草が生えれば嫌な気持ちを抱き、相対的な考え方を、なかなか超越できないのが現実です。

解説

本文に出てくる「諸法」「万法」は、ともに、この世のあらゆる事象・事柄を意味しています。

この冒頭部分は、現成公案のなかでも、最も難解ですが最も重要と言われています。我が師の田里亦無氏は、「現成公案は思想詩である」として、とくにこの冒頭の3段は、「ある」「なし」「ある」の美しい韻律で語られるとともに、道元禅の全思想を端的に表しているとしています。そして、次のように整理・説明しています。

1段／認識論的あり（正）＝仏法（一体として「ある」）
2段／認識論的なし（反）＝仏性（無／諸行無常）
3段／行動論的あり（合）＝仏道（一如として「ある」）
4段／感情的認識　　　　＝世法（不自然な考え方）

この「正・反・合」は、弁証法の用語で、対立する「正」と「反」の2つの事象から、新しい「合」という見識を見い出すことを表しています。つまり、1段と3段では、同じ「あり」でも異なります。単なる「一体」ではなく、3段はより高次元の「一体一如」としてあるのです。

この「現成公案」の冒頭の1～3段に、道元の核心的思想である「身心脱落」と「一体一如」が明確に示されていると言えます。「身心脱落」とは、身も心も、すべて脱落させること・無にすることです。我《が》やこだわりなど、余分なものを一切捨ててしまうことを意味しています。ここで大切なのは、心ではなく身が先ということです。心を動かすのは身です。まずは、ひたすら坐禅をすること（只管打坐）で身心脱落ができ、こだわらない体質になることができます。

また、「一体一如」ですが、道元は、ほとんど「一体」という言葉を使わず、「一如」という言葉で済ませています。一体とは、自分と万法（この世のあらゆる事象＝全宇宙）とのつながり・関係性を表し、ひとつになる一体感です。

これに対し、「一如」とは万法と一体となって行動することで、「一体」は「一如」であるための前提であり、その意味合いを含めて「一体一如」と言います。ただひたすら、いまここにあることに集中し、我やこだわりをなくせば、自ずと対象とひとつになり、一体一如に向かっていくものなのです。

❖２―悟り・一如

訳文

自分からあらゆる事柄を理解しようとすることは、悟りにはなりません。迷いに過ぎません。あらゆる存在の方から働きかけがあり、自己を修証する、つまり「身心脱落」していると、悟りが開けるのです。

迷いを迷いとして受け止め悟る者を仏と呼びます。悟りに執着して迷う者を衆生と呼びます。さらに、悟りの上に悟りを重ねる者がいれば、迷いのなかでさらに迷う者もまたいます。

どんな仏でも、仏として悟り生きているときは、自分は仏であるといった思いを生じることはありません。それでも、その者は明らかに仏であり、仏として生きる者は、その行いによりまさしく仏なのです。

全身全霊で、自然の景色や声に真理を発見しようとしたとき、つまり「身心脱落」したとき、身心（自己）と色声（万法）とが一体になることがあります。

それは鏡と影、水と月のように相対するものが一体になるのではありません。把握される対象が明確になれば、把握する自我意識はなくなり、まさに「一体一如」となるのです。

解説

「知らぬが仏」とよく皮肉った言葉として使いますが、悟った仏はその自覚がないと、いい意味に解釈することもできます。

悟りというものは、こだわりや執着など余分な自我があるままで求めようとしても、得られるものではありません。自分の心を空にし無にすることで、初めて向こうからやってくるものです。田里氏は、これを「自己が存在を限定しているのではなく、存在が自己を限定している」と表現しています。

道元は、真の師となる如浄に出会うまで、「仏教では『人は生まれながらに仏である』と教えているのに、なぜ修行をしなければならないのか」という疑問を持ち続けていました。しかし、如浄に出会うことで、仏であるから修行できるのであり、修行するから仏であると悟ることができたのですが、まさにこの部分には、「修行がすなわち悟りであり仏である」とする道元の立場が表れています。

❖3—身心脱落

訳文

仏道（達人への道）を習う（よく知る）ということは、自分という存在を明らかにすることです。

自分という存在を明らかにするということは、自我の意識を忘れ去ることです。自我の意識を忘れ去るということは、あらゆる事柄に照らし出され、自己が明らかになることです。あらゆる事柄に照らし出され、自己が明らかになるということは、自分や他人という考え・こだわりから「身心脱落」することです。

真に悟った人は、悟った様子を見せません。しかし、その悟った様子を見せない状態を、そのままずっと長く見せておくのがいいのです。

人が初めて仏法を学ぼうとするとき、仏法からは遠く離れていますが、仏法が自分に正しく伝わったならば、すぐに人は本来の自分、つまり仏になります。

船に乗っているとき川岸を見ると、動いているのは船ではなく岸が動いているように見えます。

目を近くの船に戻せば、船が動いていることがわかります。自分の身心を勝手に考えてしまい、あらゆる事柄も自分で判断していると、自分の心も本性も（真実は無常無自性であるのに）変わることはないと間違えます。

日常の現実に目を正しく向き直せば、あらゆる事柄は無我であるという道理が明らかになるのです。

解説

ここで道元が言っていることは、仏道を習うということは、自分というわだかまりや束縛＝「小我」を解き放って忘れ、わだかまりのない大自然という「大我」

に従うこと、すなわち「身心脱落」することです。

ポイントは、そうすることで、自分の方からではなく、万法、すなわち自然の方から、自然に自ずと自分が明らかになるということです。船の例えにしても、自分中心の「我」から世界を見ようとすると、自分は動かず不変で、世界が動き変わっていくように見えてしまいます。

しかし、「我」を離れて「無我」の境地になり「身心脱落」すれば、自分を含むあらゆるものは無常無自性であるという真実に目覚めることができるのです。

❖4──一体と時間（前後際断）

訳文

薪は燃やせば灰になります。灰になったものが薪に還ることはありません。

しかしながら、灰は後、薪は先であると見なしてはいけません。

よく知るべきです。薪は薪以外の何ものでもありません。薪のままで前があり後もあるのです。前後があるといっても、それは断ち切れています。同様に、灰は灰以外の何ものでもありません。灰のままで後があり、前もあるのです。この薪は、灰となってから、さらに薪にならないように、人が死んだ後には、再び生き還ることはありません。

それを、生が死になるとはいわないのは、仏法の定められた決まりです。このために「不生」というのです。死が生にならないことも、仏法の定められた教えです。このために「不滅」というのです。

生も一瞬の姿であり、死も一瞬の姿です。たとえば、冬と春のようなものです。冬そのものが春になるとは思わないものです。春そのものが夏になるとはいわないものです。

解説

通常、私たちは、薪が燃えて灰になることは、ひとつの連続した変化と捉えます。

同様に、過去の積み重ねが現在であり、現在の帰結が未来であると考えます。しかし、禅の世界では、過去も未来も、現在の中に含まれ、一瞬一瞬が断ち切れているとします。

映画に例えるならば、映画は動画として動いて見えますが、そのフィルムは、1コマ1コマ独立して切り離されています。デジタルでも、1コマずつの写真の連続です。しかし、それらはひとつながりになっており、まさに「非連続の連続」です。そのような非連続の独立した「今」が、限りなく連続する生を私たちは生きているのです。

ですから、「前後際断」、つまり前（過去）と後（未来）の際を切り離し、今（現在）に集中して生きることが大切なのです。

夏目漱石も『倫敦消息』の中で、「前後を切断せよ、みだりに過去に執着するなかれ、いたずらに将来に望を属するなかれ、満身の力をこめて現在に働け」と書いています。

また、松下幸之助も、「どんなに悔いても過去は変わらない。どれほど心配したところで、未来もどうなるものでもない。いま、現在に最善を尽くすことである」と書いているそうです。

さらに、アップルの創業者であるスティーブ・ジョブズも禅の影響を大きく受けています。彼は17歳のときに「毎日をそれが人生最後の一日だと思って生きれば、その通りになる」という言葉に出合い、以後33年間、毎朝、鏡に映る自分にそう問いかけていたそうです。

この言葉自体は禅の言葉ではないと思いますが、考え方は、まさに禅の「前後際断」。「本日開店」です。過去にくよくよせず、未来に不安を感じることなく、今を、まさに「今日が人生最後の日」と思って精一杯生きることが、何よりも大切な生き方なのです。「過去と他人は変えられない、変えられるのはいまと自分」です。

❖5—一体と空間（悟りとは）

訳文

人が悟りを得るのは、水に月が映るようなものです。月は濡れず、水も月によって波立ちません。

月は広く大きな光ですが、わずかな水に宿るのです。満月も満天も、草の露にも宿り、一滴の水にも宿るのです。

悟りが人間を傷つけないのは、月が水を突き破らないのと同じです。人間が悟りの邪魔をしないことも、一滴の露が天空の月の邪魔をしないのと同じことです。

修行が深ければ深いほど、悟りの次元も高くなるでしょう。しかし、悟りに至るまでの時間は、人によって長短の違いがありますが、大きな水でも小さな水でも、月の光を宿すように、誰でも悟ることができることを明らかにしておきべきでしょう。

解説

ここで道元は、「人が悟りを得るのは、水に月が映るようなもの」との比喩を使っています。月が真理・真実、水が修行者だとしたら、悟りは、自ずと修行者に反映されるものと考えられます。

その意味で、悟りとは、新たな知識の獲得ではなく、人に新たな変化が生じることでもなく、光を受けるとともに人のなかに宿すものと言えるかもしれません。ただ、身心脱落しておらず、我が残って心が曇っていると、光を宿すことはできません。光を宿せるようになる変化は不可欠です。その意味では、人に変化は生じています。

そして、光を宿すことが悟りならば、どんな小さな水滴にでも、光を宿すことができる、つまり、どんな人でも悟ることができるということがわかります。

❖6―一体と充足

訳文

身と心に仏法が行き渡っていないときは、仏法はすでに足りていると思いがちです。

身と心に仏法が充足してくると、逆にまだ足りないと思うものです。

たとえば、船に乗って、陸地が見えないような大海にまで出て四方を見ると、海は水平線が丸く見えるばかりで、それ以外のものには見えません。

しかし、海が本当に丸いわけではなく、四角いわけでもなく、海の有り様を知り尽くすことはできません。

魚には宮殿のように見え、人には装飾のように見えるかもしれません。

ただ、自分の眼には、とりあえず丸く見えたというだけのことです。あらゆる事柄についても同様に、自分の眼で正しく見ているわけではありません。

俗世間にも仏法の世界にも、いろいろな景色があります。人は、学んで自分の眼で見える範囲のものしか見ることはできません。

だから、あらゆる事柄の真実を知りたいなら、丸とか四角に見えるといったことにとらわれず、眼に見えない海や山は極まりなく四方に世界が広がっていることを知るべきです。

自分の周囲だけが、このようにあるのではなく、自分自身も一滴の水も、すべてそのようにあるということを知るべきです。

解説

この段でのポイントは、前段で書かれていた「一滴の水」に宿った悟りが、まだ足りないと思い、「二滴」「三滴」へと成長・発展していくことが書かれています。悟ったら終わりではありません。

一滴の水が映し出せる世界や真理は限られています。より広い世界や大きな真実を悟るには、修行に終わりはなく、悟りにも、もうこれで良いという終わりはないのです。

そして、私たちが見ているものは、ごく限られた一部に過ぎないことを自覚し、より広い世界を認識することを促しています。つまり、さらに修行を重ねることを求めているのです。人生は死ぬまで修行です。

❖７—修行への誘い

訳文

魚は水のなかを泳ぐとき、泳いでも泳いでも水に終わり（際）はありません。鳥は空を飛ぶとき、飛んでも飛んでも空に終わりはありません。

ですから、魚も鳥も、今も昔も、水や空を離れたことがありません。ただ、大きく泳ぎ大きく飛ぶときは、海や空を大きく使うだけです。小さく泳ぎ小さく飛ぶときは、海や空を小さく使うだけです。

このようにして、魚も鳥も、自分の限りを尽くしていないということはないのです。その所々で全力を尽くしていないということはありません。だからといって、鳥がもし空を出てしまえば、たちまち死んでしまいます。

魚がもし水を出てしまえば、たちまち死んでしまいます。

そのため、魚にとっては水あっての命であり、鳥にとっては空あっての命です。水に命を与えてこその魚であり、空に命を与えてこその鳥なのです。

こうした境地にとどまらず、さらに修行を重ね進むべきです。何を命として生きるかに、それぞれ修行と悟りがあります。そこに寿命があるということは、そういうことなのです。ですから、水を極め、空を極め尽くしてから、水を泳ごう、空を飛ぼうと思う魚や鳥がいたならば、道も居場所も得ることはできません。（極め尽くしてからではなく）居場所を得れば、日常生活に従い、真実があるがままに現れてきます。（極め尽くしてからではなく）道を得れば、日常生活に従い、真実があるがままに現れてくるのです。

この真実の道も居場所も、大小の問題ではなく、自他の問題でもなく、前からあったわけでもなく、今現れてきたものでもないから、真実はあるがままに現れてくるのです。そうであるように、人が仏道の修行をするとき、ひとつの法（真実）を得れば、ひとつの法に通ずるのです。ひとつの行に遇えば、ひとつの行を修めることができるのです。

そうした法や行が自分の居場所です。その道はどこにでも通じています。知るということが、仏法の究極の真理とつながっています。同時に修行をしているために、知ることの限界まで知ることができない（修行の成果が見えにくい）のです。

修行で得たものが、必ず自分の知見となって知恵となると、思ってはいけません。究極の悟りは、すぐにあるがままに現れるといっても、自分に近しい悟りは、必ずしも現れるとは限りません。目に見えることはありますが、いつもそうとは限りません。

解説

魚や鳥は、人間の例えとして表現されており、水や空という与えられ限られた条件・環境のなかで、それを活かし精一杯生きることの大切さを語っています。知ることも修行も無限で、知ったこと・修行したことに安心・安住してはならず、知ることや修行の限界も計り知れないのです。

つまり、悠久な時間・無限な空間には囚われず、それを超越して生きることを教えていると田里亦無氏は言います。

道元は、それを「一時の位」と圧縮します。「一時」は圧縮された時間、「位」は圧縮された空間を意味します。

いずれも「点」として考えます。悠久とか無限とかを考えるのは、「線」として考えているからです。「線」では、全エネルギーを注ぎ込むことはできません。点だから全エネルギーを注ぎ込むことができ「一如」になれるというのです。

❖8—悟りと実践

訳文

昔、麻谷山に住んでいた宝徹禅師が扇を使っていたときに、修行僧が来てこんな質問をしました。「風というものは常にあります。行き渡っていないところはありません。それなのに、どうして和尚様は、さらに扇であおいでいるのでしょうか」

師は答えました。「あなたは風が常にあることを知っているようだが、行き渡っていないところがないという本当の意味はわかっていないようだ」

僧はたずねました。「では、行き渡っていないところがないとは、一体どういうことなのでしょうか」

そのとき、師は答えず、扇であおいでいるだけでした。

それを見た僧は、師の意図に気づき、礼拝をしました。

仏法を明らかにし、その本質を正しく伝えるということは、まさにこのような対応のことです。

「風（仏性）は常にあるから、あえて扇を使う（修行をする）必要はない、使わなくても風に当たれる」という考え方は、風が常にあることの意味も、風の意味するものも理解していません。

風は常にあるからこそ、仏家の風は、大地を黄金に変え、大河の乳水をさらに熟成させるのです。

解説

「風（仏性）は常にあるから、あえて扇を使う（修行をする）必要はない」というのは、「衆生は誰でも仏になれる・元から具わっている（悟っている）」という天台宗の本覚論に通じる考え方です。道元は、早くから「すでに人間が誰しも仏で悟っているなら、なぜ修行する必要があるのか」と疑問を持ち続けていました。

この対話で、常にあり行き渡っているのは「風」というより「空気」と読み替えた方がわかりやすいかもしれません。誰にも仏としての可能性である空気は、扇ぐという修行によって、初めて風なり、大地を黄金に変えることができると、不断の修行の大切さを言っているのです。

私たちは、みんな無限の可能性を秘めています。しかし、行動しないことには、それは顕在化しません。せっかくの可能性・能力を開花させるために、考えるだけでなく、とにかく行動することを心がけることが、何よりも大切なのです。

第4章
リーダーに贈る道元の言葉

○只管打坐《しかんたざ》

――自分の我にとらわれていたり、小さなことにこだわらないで
大局的な見地から物事を見て、正しいあるべき判断を！

只管打坐とは、道元の禅のあり方を表現する核心的な言葉です。弟子の懐奘《えじょう》が書いた『正法眼蔵随聞記』の6章第11節に出てきます。懐奘が「修行の道場で、骨身おしまず仏道を学ぶ行いとは、どのようなことでございますか」と道元にたずねたところ「只管打坐なり」（ただひたすら坐禅をせよ）と答えたとあります。

一般的に、坐禅は、悟りを得るための手段と思われがちですが、道元の禅は、坐禅そのものを目的としています。坐ること自体に集中し、一切の思慮分別を断ち切り、ただひたすら黙々と坐り続けます。すると、そこに人が持つ本来の姿があらわれます。つまり、我やこだわりなど余分なものを一切無にし脱落させる「身

心脱落」という悟りが得られるとしています。

しかし、出家していない私たちは、坐禅をすることはできても、それを目的としたり、生活の中心に置くことはできません。私たちがここから学ぶべきは、坐禅をすることを通じて、「身心脱落」という禅のマインドを身につけることです。ポイントは、心ではなく身が先ということです。身が心を動かしているのです。そのため、まずは坐禅をすることです。坐禅を通じて、こだわらない体質になり、初めて身心脱落できるのです。

リーダーたるものは、自分の我にとらわれていたり、小さなことにこだわっていては務まりません。身心脱落することで、自然の摂理や宇宙の法則が自ずと、からっぽになった自分の中に流れ込んでくるのです。そうすることで、真に大局的な見地から物事が見られるようになり、正しいあるべき判断ができるようになるのです。

真のリーダーは、みな禅のマインドを身につけています。京セラの稲盛和夫氏しかり、ユニクロの柳井正氏しかり、アップルのスティーブ・ジョブズ氏しかり。

とくにジョブズ氏は、乙川弘文という曹洞宗の僧侶から直接禅を学んでいます。

ちなみに、アメリカに禅を持ち込んだのは「2人のSUZUKI」といわれる鈴木大拙《だいせつ》（1870〜1966）と鈴木俊隆《しゅんりゅう》（1905〜1971）です。大拙は、講演や執筆が中心でしたが、俊隆は、アメリカ人に直接指導し、ともに坐禅を組んでいました。

ジョブズは、鈴木俊隆の著書『禅マインド　ビギナーズ・マインド』に大きく影響を受けました。そして、その後、アメリカでの禅は、医療行為として宗教色のない「マインドフルネス」として開発され生まれ変わり、日本にも逆上陸するようになったのです。

非思量《ひしりょう》

――坐禅をすることで、論理や理屈を超越した世界を体得する

道元が宋から帰国し、一番最初に書いた著作が『普勧坐禅儀《ふかんざぜんぎ》』です。薄い書ですが、自分が学んだ真の禅を日本で広めるために、その意義と方法を表した重要な書で、『正法眼蔵』にも再録され、「非思量」は、次のように出てきます。

箇の不思量底を思量す
不思量底如何が思量せん
非思量なり
これすなはち坐禅の法術なり

これは、坐禅をしている薬山禅師に、ある僧が「そんなにどっしりと坐禅をして、

何を考えていらっしゃるのですか」と問いかけた対話として、たとえば次のように訳されています。

——考えないということを考えているのだ
——考えないということを、どのように考えられているのですか
——考えるとは別の方法で考えているのだ　これが坐禅の要諦である

これは、わかりやすく言えば、論理や理屈によって考えているのではなく、坐禅という実践よって考えているということです。

「思量」とは、単に考えるだけでなく、悩みや心配事など、一つのことに心がとらわれてしまう状態を意味します。当然、いつまでも続けていると、悪循環に陥ります。そこで、心を「無」「空」にする必要があります。思量ではない状態、考えることを超越した状態、それが「非思量」です。

「不思量」とは違います。「不思量」とは、思量しないこと、思量しないように

することです。しかし、そこには、意識の働きがあります。そのため、一時的に思量をなくせても、また思量が始まってしまいます。

坐禅をすることで、意識を超越した世界を体得することが「非思量」です。理解ではないと理解するだけでは、まだ「不思量」のままです。理解ではない理解、つまり、理解する主体も客体も超えて、自分と世界が一体化した状態、「思量」も「不思量」も超越した状態こそが、「非思量」の境地なのです。「身心脱落」に通ずるものがあります。

禅はシンプルで、さまざまな角度から、同じことを言っています。ただひたすら夢中になり（只管打坐）、我やこだわりを脱落し（身心脱落）、対象とひとつになれば（一体一如）、人生を全面開花（全機現）できるのです。

◯坐禅は習禅にはあらず大安楽の法門なり

――日常生活のあらゆる場面で坐禅をしているときのような心で生きることが大切

これは、先に取り上げた「非思量」の文に続いて出てくる一節です。「非思量」とは異なり、「安楽の法門」以外は、比較的わかりやすい文章です。

いわゆる坐禅というものは、学習することで理解を深め習得していくものではない。悟りを開くための手段としての修行と考えてはいけない。

坐禅とは、日常生活のあらゆる場面で、坐禅をしているときのような心で生きることが大切であり、その意味で、坐禅は「大安楽の法門」＝「大いに安らかに生きる仏の教えへの入口」である。道元は、こう説いているのだと思います。

前節でも書きましたように、出家していない私たちは、坐禅をするとともに、していないときでも、坐禅をしているときと同じ心、すなわち身心脱落した状態をいつも持ち続けることが大切です。

そうすることで、私たちは、人間でありながら、仏の姿として立ち現れ、悟りの世界に生きることができるのです。

こうして、道元は、坐禅とは修行でありながら、同時に悟りの姿でもあるとし、坐禅も修行も悟りも、手段も目的も超越した一体のものとして捉えて、人間のあり方を説いたのでした。

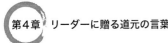

○将錯就錯《しょうじゃくしゅうじゃく》

――誤った前提からは誤った結論しか出てこない
正しい前提からは正しい結論しか出てこない

『正法眼蔵』の『即心是仏』に出てくる言葉で、「錯《じゃく》をもって錯につく」と読み、誤りや間違いを重ねることを意味し、一般的には、悪い意味で使われています。

しかし、道元は、「将錯就錯しないがために、たいていは仏道を踏み外す」と書いており、悪い意味に使っていません。

ここは解釈の分かれるところで、我が師の田里亦無先生は、「錯を進めて、錯をしとげる」＝「錯誤が徹底すると、その反対物なる悟りに転化する」と書いています。

私は、この解釈に似ていますが、恐らく道元は、この言葉の意味を転用し、「誤った前提からは誤った結論しか出てこない。同様に、正しい前提からは正しい結論しか出てこない。だから、修からは証しか出てこない。また証からは修しか出てこない」と言っているのではないかと思います。

つまり、修と証（修行と悟り）とは同じ概念であるという「修証一等」を表している言い方だと考えられます。

すでに「只管打坐」や「安楽の法門」でも書きましたが、修行は、悟りの手段ではありません。修行することが悟りなのであり、悟るからより修行をするのです。

○他不是吾《たはこれわれにあらず》

――本来自分がやるべき仕事を人に任せてはいけない

『典座教訓《てんぞきょうくん》』に出てくる、しいたけを天日に干している老典座《てんぞ》（典座《てんぞ》：禅宗寺院で修行僧の食事、仏や祖師への供膳を司る役職の一つ）との会話です。

「なぜ、若い僧や雇い人を使わないのですか」と道元が尋ねると、「他人がやったのでは私の修行にはならない」という言葉が返ってきた話ですが、この元の言葉が「他不是吾」です。

直訳すると「他の人は自分ではない」となりますが、「他の人に自分がやるべきことを任せていては、自分の修行にはならない」ということです。

しいたけを干すことは、他の人でもできます。しかし、老典座にとっては、しいたけを干すことだけが目的ではありません。他の人に任せては、自分の修行ができなくなります。自分の修行のためにもやっていたのです。この段階で、道元は、まだそれが修行であるとは、理解できていませんでした。

禅では、日常生活のあらゆることが修行です。どんなことにも、真面目に、精一杯取り組むことが、そのままで悟りとなるのです。

リーダーは、自分で仕事をため込まず、適宜、然るべき人に任せることが大切だとよく言われます。もちろん、それは一理あります。

しかし、本来自分がやるべき仕事まで人に任せてはいけません。自分でしっかりと、自分の本分を全うすることが、リーダーはもちろん、私たちすべての人に求められていることなのです。

○春は花　夏ホトトギス　秋は月　冬雪冴えて涼しかりけり

——自然と一体化し、自然と交感することで自然の持っている本来の面が見えてくる

道元は、生涯に60余首の和歌を残していますが、『傘松道詠《さんしょうどうえい》』に出てくるこの歌が一番よく知られています。なによりも、1968年に川端康成がノーベル文学賞を受賞したときに、ストックホルムでの受賞講演『美しい日本の私—その序説』の冒頭で引用しているからです。

この歌は、日本の四季折々の雪月花の美を、ありのままに、そのままに詠んでいます。ある意味、当たり前のことを描いているだけです。しかし、そこには、単なる外部の視点ではなく、人間も自然と一体になって融合している日本人の心のありようを表現しています。

夏は暑くて当たり前。冬は寒くて当たり前です。文句を言わずに、事実をそのまま、あるがままに受け入れることです。「寒い」ではなく「涼しい」と表現している点にも、前向きに受け止めている姿勢が感じられます。

日本人は、元々、そうした受け止め方ができていた国民です。人間も自然の一部です。自然を克服しようとするのではなく、自然を受け入れ、自然とひとつになり、自然の摂理や宇宙の法則に従うことこそ、禅の思想の根幹に流れています。

道元は、この歌を、北条時頼に呼ばれ、鎌倉に滞在しているときに詠んでいます。武士が台頭し、源平の騒乱で山野も荒廃しつつあるなかで、権力争いに明け暮れている幕府の御家人たちを諭す気持ちもあったのかもしれません。

また、この歌の詞書には「本来の面目を詠ず」と書かれています。つまり、自然と一体化し、自然と交感することで、身心脱落し、自然の持っている本来の面が見えてくるとして、四季折々の自然を歌っていると読み取ることができます。

自然環境が大きく変容しつつある今こそ、私たちが改めて噛みしめなければならない歌であることは、間違いありません。

○而今《にこん》の山水は、古仏《こふつ》の道現成《どうげんじょう》なり

――あるがままの人間が、あるがままに在れば

悟りとしての仏法が、自ずと立ち現れてくる

この言葉は、『正法眼蔵』の『山水経《さんすいきょう》』に出てくる言葉で、直訳すると「今、見ている山や川などの自然は、古仏の言葉が現前に成就したものである」という意味です。

わかりやすく意訳すると、「今実際に見ている山や川などの自然は、古仏が語っている言葉が、そのまま現れたもので、仏法そのものである」といえるでしょう。

前節で、「春は花　夏ホトトギス　秋は月　冬雪冴えて涼しかりけり」という歌

を紹介しましたが、この言葉は、まさにそれを別な言い方で説明しているともいえます。人間と自然の関係は、人間という主体・主観と、自然という客体・客観の関係ではないということです。

而今は、「にこん」とも「じこん」とも読み、解釈も分かれますが、単なる今ではなく、無限の過去から現在に至り、無限の未来までをすべて含んだ今を意味しています。

そうした時間は、人間とも空間とも、ともに一体となり結びついて存在し、厳然として、まさに今現れている。そして、あるがままの真理としての山や川である限り、あるがままの人間が、あるがままに在れば、悟りとしての仏法が自ずと立ち現れてくるものなのです。

○眼横鼻直《がんのうびちょく》

――事実を先入観なく
あるがままに見ることが大切！

道元が中国から帰って来たときのエピソードです。道元の講話などを弟子たちがまとめた『永平広録』に出てくる次のような話です。

「私は、不思議なめぐりあわせで、天童如浄禅師にお会いでき、そのお陰で、眼は横、鼻は縦についているという、ごく当たり前のことを悟り、余計なことに惑わされることがなくなりました。それだけを学び、中国からは少しの仏法も持ち帰らず、手ぶらで帰って来たようなものです」。

眼は横に並び、鼻は縦に付いているのは当たり前のことです。しかし、その当たり前のことを、そのまま、あるがまま受け入れ、当たり前に行うことの大切さ、難しさをたとえて言っているのが、この「眼横鼻直」という言葉です。

前節で、道元が四季を読んだ歌「春は花　夏ホトトギス　秋は月　冬雪冴えて涼しかりけり」を紹介しましたが、自然に対してだけでなく、人間に対しても、そのまま、ありのまま、あるがままに、素直に受け止め、受け入れることが何よりも大事な禅のポイントなのです。

ここで、前著に掲載した一休さん（室町時代の禅僧）の「七曲がりの松」というエピソードを再度ご紹介しておきたいと思います。

あるとき、一本の曲がりくねった松の鉢植に「この松がまっすぐに見えた人には褒美をあげます」と書いた札をつけて家の前に置きました。いつの間にか、鉢植の前に人垣ができます。誰もが曲った松がまっすぐに見えないか、あれこれ思案します。しかし、誰一人として松の木をまっすぐに見ることはできませんでした。

その後、一人の旅人が通りかかります。その鉢植を見て「この松は本当によく曲りくねっている」とさらりと一言。

それを聞いた一休さんは、家から飛び出てきて、その旅人に褒美をあげたとか。

この話は出典が不明ですが、旅人は蓮如だったという説もあります。

いずれにせよ、みんな褒美に目がくらみ、無理に松の木をまっすぐに見ようとしていました。旅人だけは、松の木をあるがままに曲がっていると「まっすぐに見た」わけです。事実を先入観なく、あるがままに見ることの難しさを示しています。

〇多般を兼ねれば一事も成《じょう》ずべからず

――資源と資金とエネルギーを
特定分野に集中的に投下させる

『正法眼蔵随聞記』の6章11節に出てくる言葉です。「あれこれ多くのことを成し遂げようとすると、ひとつのことさえ、成し遂げ究めることはできない」という意味です。

この後、道元は「専門にやろうとするなら、生まれつき素質のない人は、一事でさえも成就することはできない」とも言っています。

にもかかわらず、私たちは、知らないうちに、意外に多くのことを追い求めているものです。しかし、そうした姿勢では、どれも成就させることはできません。世にマルチタレントと言われる人はいることはいますが、やはり先天的な才能と後天的な環境に恵まれた人たちです。私たちは、やはり持てる能力とエネルギーを一点に集中するべきだと思います。

ビジネスでは、なおさらです。大企業ならいざ知らず、とくに中小企業や新規参入を目指す起業家は、力を分散させると圧倒的に不利です。持てる資源と資金とエネルギーを、ニッチな特定分野に集中的に投下させること。そうすることで初めて「一事を成す」ことができるのです。

有時《うじ》

——足元にあることに目を向け、今できることに全力投球すること

古代の仏教に「現在有体《げんざいうたい》 過末無体《かみむたい》」という言葉があるそうです。人間を含め、この世の存在するあらゆるものは、現在現れている限りにおいて実在しているが、過去や未来においては無であるというものです。この考え方をベースにして、道元の「有時」という時間論は形作られています。

時間論と言えば、ハイデッガーの『存在と時間』が有名ですが、実は、ハイデッガーは、ドイツに留学していた京都学派の哲学者の田辺元から道元のことを聞かされているはずで、むしろ、ハイデッガーが道元の思想に影響を受けている可能性が高いと言えます。ハイデッガーと親交があった哲学者ヤスパースも、『正法眼蔵』を絶賛していたという話です。

「有時」は、『正法眼蔵』の『有時』の冒頭に「いわゆる有時は、時すでにこれ有なり、有はみな時なり」として出てきます。

「ここに存在する時間は、時（時間）がすでに有（存在）であり、有（存在）はみな時（時間）である」と訳せます。つまり、時間と存在は、異なったものではなく、ひとつであることを説いています。

ここから私たちが読み取れるメッセージは、「有時」とは、「過去はすでに過ぎ去ったのだから追うな。未来はまだやってこないのだから求めるな。時間とは今現在のことである。大切なのは、今この瞬間にやるべきことをしっかり行え」ということだと思います。これは、現成公案にも出てくる「前後際断」にも重なる考え方です。「前（過去）と後（未来）の際を切り離し、今を精一杯生きよ」というものです。

禅は非連続の連続です。私たちは、過去の積み重ねが現在であり、現在の帰結が未来であると、ひとつながりで考えがちです。しかし、そのために、今の自分を過去のせいにして悔やんだり、まだ来ていない未来に対して、不安を抱いたり嘆いたりします。

しかし、過去も未来も、現在のなかに含まれています。現在から切り離して過去や未来を考えるべきではありません。足元にあることに目を向け、今できることに全力投球することが、一番大切なことなのです。

○証上万法《しょうじょうまんぽう》　出路一如《しゅつろいちにょ》

――あらゆる事実を集め、正確に現状を把握し
考えを突き詰め、決断し行動する

「証上に万法を現しめ、出路に一如を行ず」として、『正法眼蔵』の『弁道話』に出てくる言葉です。証上万法とは、現成公案にも出てきた「万法に証せられる」と同じ意味で、全宇宙のあらゆる存在が明らかになるということです。そして、それらは最終的には、真実の姿としてひとつになって実践するとしています。

これを、現代の私たちの立場から読み解けば、次のように言えると思います。まずは、あらゆる事実を集め、正確に現状を把握すること。それこそ「眼横鼻直」、先入観や欲に左右されず、そのまま、ありのままに受け止めることです。

そして、それをもとに、とにかく考えて考えて考えて、もうこれ以上考えられないくらいに徹底して考えます。考えを突き詰め、突き抜けるまで考えたら、自

ずと出口はひとつ。最後はひとつ。「これだ」と腹を決めます。決断します。そして、そこに向かって一所懸命に行動するのです。

「出路に一如を行ず」は、複雑なことを単純にすることでもあります。単純になると、物事は明確になり、いきいきとしてきます。パワーも出ます。行動できます。

道元は、悩みの先にさらに悩みがあり、悟りの先にさらに悟りがあると言っています。とにかく悩むはときは、中途半端はいけません。悩んで悩んで悩んだら、ついには開き直ることができます。前へ踏み出すエネルギーも生まれるのです。

まず準備は、証上に万法をあらしめること。思考は、身心脱落すること。そして、行動は、出路に一如を行ずること。これが人生の極意であり、経営の極意であると思うのです。

◯正師を得ざれば、学ばざるに如かず

――真の師とは、修行（行動・実践）と修学（学問・研究）が一体となった「行学一致」の人

「正しい師匠のもとでなければ、学ばない方がいい・学んでいないも同然」という意味です。この言葉は、修行に励んでいる僧たちのために、道元が心がけるべき大切なことを10カ条にして書いた『学道用心集』の5番目に出てきます。

そのなかで道元は、人生の師と弟子の関係を、大工と材木に例えています。

「たとえ良い材木でも、良い大工を得なければ綺麗には仕上がらない。たとえ曲がった材木であっても、良い大工に遇えば、その持ち味が表現される。同様に、正しい師を得られなかったら、材木も生かされないから、学ばない方がいい」と言っているのです。

また、正師とは、どのような人かについては、年齢が上であるとか、修行が長

いとかではなく、知識が優先する訳ではなく、理論が優先する訳でもなく、常人を超えた力量があり、常識を超えた意気込みがあり、自分の意見にこだわらず、感情的な意見にとらわれず、日々の行いと仏道に対する理解とが完全に一致している人が、正しい師匠といえる人であるとしています。

学ぶことは、真似ることから始まります。そもそも「学ぶ」とは「真似ぶ」が語源とされています。職人に弟子入りすると、なかなか教えてもらえず「技を盗め」と言われます。

まさに師の技を「真似る」ことで学べと言っているのです。職人の世界に限らず、武道や芸事でも、まずは師匠から「型」を教えてもらい、それを「真似る」ことから学び始めます。

それだけに、学ぶべき付き従う師は、真似るに足る真に素晴らしい師である必要があります。道元が『学道用心集』で正師としている人は、要は、修行（行動・実践）と修学（学問・研究）が一体となった「行学一致」の人です。

やはり、誤った師に付いてしまっては、人生を台無しにしてしまいます。道元は、真に正師といえる人物を、まさに命懸けで、何年もの時間をかけ、日本をも飛び出して探し求めたのです。

それほどまでに、自分にとって正師と思える人物と出会うことは、人生にとって大切なことなのです。

○身の威儀を改むれば心も随ひて転ずるなり

――いい習慣は、いい行動の繰り返しと積み重ね
「身」を修めることで、「心」もついてくる

『正法眼蔵随聞記』の1章5節に出てくる言葉です。「作法に従って、自分の体の姿勢や動作を正しくすれば、心もそれに従って正しくなるものだ」という意味です。

道元は、この言葉の後、宋の国の風習として、亡くなった父母の孝養のために、みんなで集まって泣く真似をするが、そのうち本当に泣いてしまうという話を紹介しています。

この場合「悲しいから泣く」のではなく、「泣くから悲しい」のです。悲しいという心が先なのではなく、泣くという行為が先なのです。

「正師を得ざれば、学ばざるに如かず」でも書きましたが、まずは真似ることが大事です。真似るとは「型」を真似ることです。体の動き・行動から入るのです。そのため、禅の修行では、坐禅が第一なのです。

禅の極意は、我やこだわりを無くし、身も心も無にする「身心脱落」ですが、「心身脱落」ではありません。「身」が「心」より先なのです。

その意味で、マナーやいい習慣は大切です。マナーは社会生活の「型」です。いい習慣は、いい行動の繰り返しの積み重ねです。いずれも「身」を修めることで、「心」もついてくるという考え方です。

そこで、私の経営塾では、「早起きする」「大きな声・笑顔」「TO DO LIST を毎日書く」「報告・確認・再確認」「3S（整理・整頓・清掃）を毎日実践する」を実践課題5項目として掲げています。いずれも、心や理論ではなく、身の実践から入る考え方で、まさに道元思想の延長線上にあるものです。習慣は第二の天性です。

天ハ無常無自性
人ハ透脱現成
私ハ一所懸命

――大自然の法則に調和して生きて
煩悩やこだわりから脱し、どんなことでも一所懸命取り組む

この言葉は、我が師である田里亦無先生からいただきました。

「天ハ無常」とは、大宇宙は常に生成・発展し、一瞬たりとも留まることなく変化していることを表しています。「無自性」とは、自分自身の存在は単独で存在するのではなく、まわりとの関係性の中でしか存在出来ないと言う意味です。

禅では、総ての物事（万法）は自分とは別のものと認識しません。そのため、自己主張や自己弁護をするのではなく、自分自身を忘れ、身心脱落して、万法に証せられる生き方、つまり、大自然の法則に調和して生きるということなのです。

全宇宙の真理がこの言葉に集約されています。

透脱とは、透体脱落の略の意味です。「人ハ透脱現成」で、一切の煩悩やこだわりやとらわれを透り抜けて脱し、身心脱落することで人として在れ、と私たちに教えているのです。

そして、「私ハ一所懸命」。結局、どんなことでも一所懸命取り組むことが大切です。いい加減や中途半端にやっていては、見えるものも見えてきません。結果もついてきません。「人事を尽くして天命を待つ」ことで、自ずと、いい結果が流れ込んでくるものなのです。

第5章
リーダーに必要な「坐禅」のススメ

◯坐禅の効能

坐禅は、禅にとって最も重要な修行です。近年は「身心ともにスッキリする」「ストレス解消になる」と、その効能が注目されています。そのため坐禅会に参加する老若男女が増えております。

禅本来の立場からすると「只管打坐」です。ただひたすら坐ることが説かれ、「坐禅は効能を求めて行うものではない」と言われるかもしれません。しかし、坐禅の効能には科学的根拠があることがわかっています。

ひとつは、その腹式呼吸法（丹田呼吸法）です。おへその4〜5センチ下のところにある丹田で呼吸することにより、セロトニンが分泌され、活性化することがわかっています。

セロトニンは、脳を興奮させるノルアドレナリンや、脳に快楽を与えるドーパミンと並ぶ三大神経伝達物質です。セロトニンの役割は、ノルアドレナリンやドーパミンの暴走を抑えバランスを取ることです。そのため、心を静め、ストレス解

【坐禅のススメ】
科学的な効能の根拠のある坐禅は、「心身ともにスッキリする」「ストレス解消になる」と多くの老若男女が実践しています。

消にもつながるのです。

また、私たちの脳波は、目を開けて日常活動をしているときにはベータ波が出ています。坐禅をしていると、心身ともに安静な状態になります。目を開けていても、目を閉じているときと同じくリラックスしたときに現れるアルファ波が出ることがわかっています。

アルファ波は、別名「幸福の脳波」と呼ばれます。セロトニンは、別名「安心のホルモン」と呼ばれます。坐禅をすることで、セロトニンやアルファ波が増えるからこそ、心身をすっきりさせ、ストレス解消にもつながります。

○坐禅の準備

服装は、ゆったりとして動きやすく、足が組みやすい服装を選びましょう。当然、スカートやジーンズは不向きです。ベルトなどははずし、靴下やストッキングは脱いで裸足になります。腕時計やアクセサリー類もはずします。

坐禅会では、受付終了後、会場（御堂）に入ります。御堂までは、両手を合掌して進みます。そして、仏様にお尻を向けないように、壁側の足から入ります。

坐禅をする場所（坐位）についたら、まず自分の坐位に向かって合掌低頭します。続いて右回りで向き直り、同じく合掌低頭します。前の動作を隣位問訊《りんいもんじん》、後の動作を対坐問訊《たいざもんじん》と言います。両隣の人と向かい側の人に対する無言の挨拶を意味します。

坐布団の上に腰を下ろします。

坐布団にそのまま坐ってもいいのですが、初心者の方は、別途、丸形の蒲団（「坐

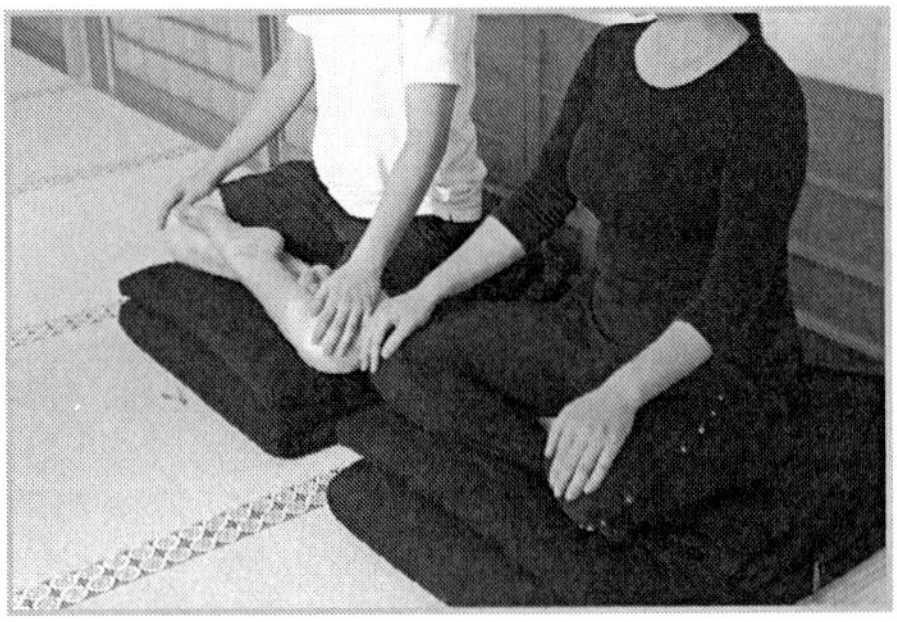

【足の組み方】
基本は両足が両ももに乗っている状態です。関節が固い人は無理をせず片足だけ乗せて下半身を安定させます。

蒲」と言います）があると背筋が伸びやすく、姿勢も崩れず安定します。ない場合は、もう1枚坐布団を二つに折って、坐布団の後方、お尻の下に敷いてください。

足の組み方

坐禅をするときの足の組み方は、2つあります。結跏趺坐《けっかふざ》と半跏趺坐《はんかふざ》です。

結跏趺坐は、右の足を、左の太ももの上にのせ、次に左の足を、右の太ももの上にのせます。

半跏趺坐は、右の足を、左の太ももの上にのせます。左の足は右の太ももの下に入れます。結跏趺坐がむずかしい方は、半跏趺坐で構いません。

○手の組み方（印の結び方）

手の組み方は2つあります。ひとつは、「法界定印」です。右手を下、左手を上にします。第2関節をあわせます。両手の親指を軽くあわせ、楕円の輪をつくります。その手をおへその下（丹田）に軽く添えます。

もうひとつは、「白隠流」です。左手の親指を右手の人指し指以下4本と親指ではさむようなイメージで、左手で右手を握る方法です。

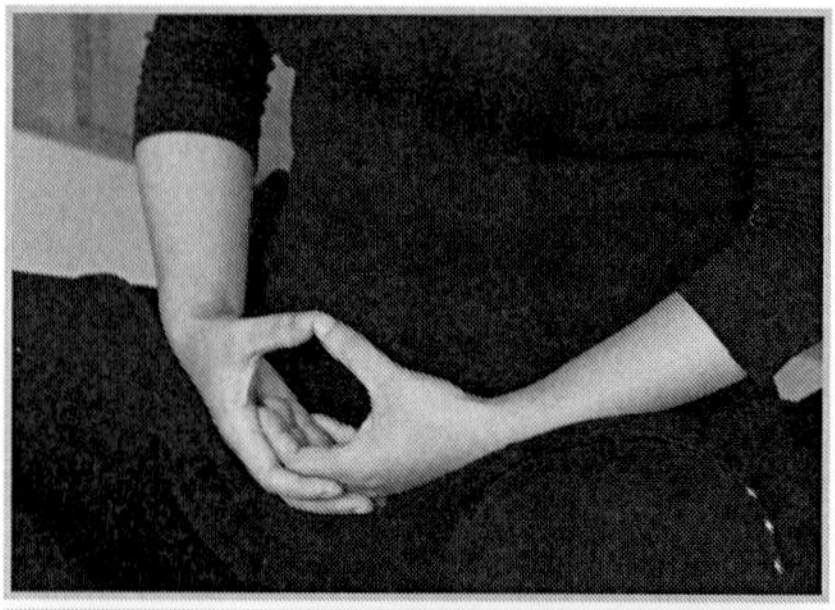

【手の組み方・法界定印】
右手が下、左手が上。第2関節を合わせます。両手の親指を軽く合わせて、卵形の輪をつくります。おへその下(丹田)に軽く添えます。

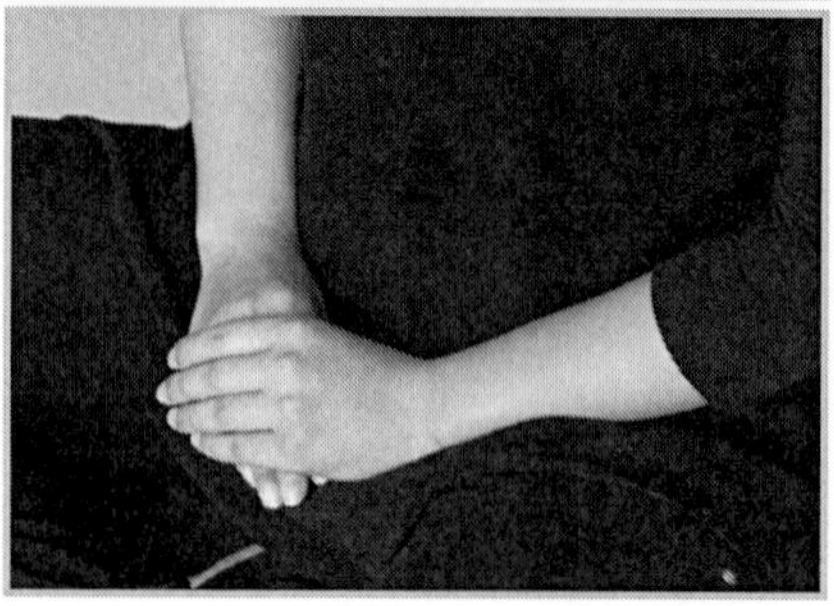

【手の組み方・白隠流】
左手で右手を軽く握ります。左手の親指を右手の人差し指以下4本と親指ではさむようなイメージです。

目・口について

坐禅をしているときは、目はつぶりません。道元禅師も、「目は常にすべからく開くべし」と言っています。目を開けていると、妄想も眠気も起こりにくくなります。顔は正面を向いたまま、視線だけ、前方の下へ45度、1メートルくらい先の所に落とします。これが「半眼」と呼ばれる坐禅での目です。一点を見つめてはいけません。

口は、唇を軽く引き締め、普通に口を閉じます。そして、舌先を軽く上あごの付け根に押し当てます。完全に力が抜けていると、上あごに付かないので注意してください。

法界定印が崩れていないか、舌がちゃんと上あごについているか、目が半眼になっているか、を確認します。それぞれ気が抜けていないかがチェックポイントになります。

坐相の決め方

坐って足を組んだら、次に上半身を調えます。上体を真っ直ぐに伸ばし、頭のてっぺんからお尻まで、体の中心に一本の軸が通っている様をイメージします。

次に「欠気一息《かんきいっそく》」で深呼吸します。続いて腰から上を左右にゆっくりと動かしていきます。前後の動きを入れても構いません。お尻は動かさず、初めは大きく、だんだんと小さくして真ん中で止めます。最もバランスがとれる安定した体軸の位置を決めます。

これを左右揺振《さゆうようしん》（左右揺身とも書きます）といい、坐禅を始めるときには欠かせません。これで上半身が安定したら、そのまま坐禅に入ります。

呼吸の仕方・整え方

「呼吸」という熟語は、実は、呼く（はく）と吸う（すう）の反対語の組み合わせです。呼くを主にして長く、吸うを従にして短くします。「呼主吸従」で行うのが坐禅の呼吸のポイントです。体中の空気を全部吐き出す感じで、吐き切ることが大切です。吐き切れば、自然に空気が入ってきます。

静かに深々と下腹部の筋肉に力を入れ、体中のすべての空気を吐き出します。その勢いで、続けて鼻から息を吸い込みます。その後の呼吸は、鼻で静かにゆっくりと行います。

吐き出すときに、心の中でゆっくりと「ひと〜

【坐禅の開始】
坐禅の開始時と終了時には合掌します。背筋を真っ直ぐに、できるだけゆっくりと丹田を意識して息を吐きましょう。初めての方は何も考えないようにするために、吐く息の数を数えることをお勧めします。

つ」と数えます。「ひと～」で、落ち着いて静かにゆっくりと深く吐きます。体内の空気を残らず吐き切るように、できるだけ長く吐きます。

そして「つ」で吸います。一息ごとに全部を吐き出せば、吸おうと思わなくても自然に空気が体の中に入ってきます。そして、「ふた～」で吐き、「つ」で吸います。「み～」で吐き、「つ」で吸います。これを、一から十までやり、終わればまた、一から十まで繰り返します。この呼吸法を「数息観《すそくかん》」と言います。

頭の中には、さまざまな雑念が浮かんでくることがあります。そうしたものにとらわれないで、息と一緒に吐き出します。数えている数が分からなくなったら、「ひとつ」に戻ります。

この数息観の呼吸法のいいところは、立っていても、椅子に腰掛けていても出来ることです。夜、寝付きが悪いときなど、仰向けのままやってみるのもお勧めです。

○警策《けいさく》について

警策とは、坐禅のとき、修行者の肩や背中を打つための棒のことです。正確には、警覚策励《けいかくさくれい》といい、略して警策と言います。読み方は、曹洞宗では「きょうさく」、臨済宗では「けいさく」となります。「警」は「警める＝いましめる」とも読み、戒める意味があります。警策は、打つ側は「警策を与える」、打たれる側は「警策をいただく」という言い方をします。

一般に、警策は、心がゆるみ坐禅に集中していないことに対する罰のように思われています。実際に、坐禅の姿勢や法界定印が崩れていたときなど、警策をもつ役の直堂《じきどう》（直日＝じきじつともいう）が判断して、警策を与えることがあります。

しかし、警策は罰ではなく励ましです。雑念があるとき、眠気に襲われたときなど、坐禅に集中できない場合は、自らが希望して受けることもできるのです。

警策をいただきたいときは、坐ったまま合掌をして意思を示します。直堂が軽く右肩に警策を当てますので、受ける側は、合掌して首を左に傾け、少し前傾します。警策を受け終わったら、身体を元に戻し、合掌低頭してから坐禅を続けます。

曹洞宗の坐禅は、右肩を1回打つだけですが、臨済宗の坐禅は、左右の背中を夏季は2回、冬季は4回打ちます。季節によって打つ数が異なるのは、服装の違いによるそうですが、季節を問わずに3回もしくは4回打つ禅堂もあります。

○坐禅の終え方

正式には、坐禅の始まるときは「止静《しじょう》」といって、鐘を4声（4回）鳴らし、終えるときは「放禅鐘《ほうぜんしょう》」といって、鐘を1声（1回）鳴らします。

坐禅を終了するときは、左右揺振を行います。始めのときとは逆で、最初は振り幅を小さく体を揺らしていき、次第に大きくしていきます。こうして、上半身の緊張を取り除いていくのです。

上半身の緊張が取れたら、次に足をゆっくりと解いていきます。無理にすぐ立ち上がる必要はありません。足がしびれている場合もありますので、十分ほぐしてから立ち上がって構いません。

坐蒲を使った場合は、坐って形が崩れていることが多いので形を整えます。上から体重をかけるように回しながら揉んでいくと、うまく形を整えられます。

最後に、一緒に坐禅をした人たちに、始めたときと同じように合掌低頭し、両隣の人と向かい側の人に対する無言の挨拶をします。

坐禅をする時間

坐禅をする時間の単位は「炷《ちゅう》」と言います。線香が1本燃え尽きる時間のことで、それが坐禅1回の時間であり目安になっています。

しかし、線香の長さや太さなどにより、その時間は当然のことながら異なり、1本40〜45分程度です。一般の坐禅会は20〜30分のことが多いようです。1回の時間の長さより、毎日坐ることの方が大切です。

禅の効用として前述したアルファ波は、出てくるまでには15分程度かかり、セロトニンが活性化するには30分程度必要です。その意味では、坐禅は、1回当たり30分程度行った方が好ましいと言えます。

補章
エピソードでたどる道元の生涯

なぜ道元は13歳で出家を決意したのか？

道元は、1200年1月2日（現在の暦では1月26日）、京都の木幡（現在の宇治市）に生まれました。父は、村上天皇・村上源氏を祖とする内大臣の久我通親《くがみちちか》、母は、藤原鎌足を祖とする太政大臣・松殿基房（藤原基房）の三女・藤原伊子《いし》でした。絶世の美女と言われた伊子は、16歳にして木曽義仲と政略結婚させられ、義仲の後ろ楯により、基房の子の師家が内大臣・摂政になることができました。しかし、義仲が源氏同士の内紛で討たれたことにより、今度は、時の権力者だった久我通親に嫁がされるという運命をたどった女性でもありました。

両親については諸説がありますが、いずれにしても、道元は、両親とも名門中の名門の家柄、しかも当時の朝廷の最高幹部の家に生まれ育ったことに変わりありません。

道元は、幼い頃から極めて聡明だったため、文殊丸とも言われていたようです。父の道親は、和歌が『千載集』や『新古今和歌集』に載るほどの文人でした。母の伊子も、和漢のあらゆる教養を身につけ、とくに法華経には心惹かれており、道元は、伊子の唱える法華経を子守唄のようにして育ちました。そして、幼くして『李嶠雑詠』『詩経』『春秋左氏伝』などを自ら読んだとされています。

しかし、道元が3歳のときに父は54歳で急死。さらに8歳のときには母が39歳で病死してしまいます。幼くして人の命の無常さを感じていたに違いありません。母は、亡くなる前に、道元に「先のことを考えるようになったら、弟の良観法印に相談しなさい」と伝えました。良観は、天台密教に通じた指導者として知られていた高僧で、母は臨終に際し、道元が政治の世界で翻弄されることを心配し、僧侶への道を望んだものと思われます。

両親を亡くした後、道元は、父である通親の次男の通具に引き取られ育てられました。通具も、通親同様の優れた歌人で、『新古今和歌集』の5人の撰者の一人で、当時の最高の文人政治家でもありました。そして、仏教教理の入門書『倶舎論』を道元に読んで聞かせると、道元は異常とも思えるほど関心を示したそうです。9歳のときでした。

その頃、伊予の兄の藤原師家が、道元を正式に養子にしたいと申し入れてきました。跡継ぎのいない師家は、道元を教育して、政治的に傾きかけていた松殿家復興の切り札にしようと考えたのです。それからは、師家は、国家のあり方を学ばせようと『論語』なども読ませるにようになりました。論語を含む儒教の「四書五経」は、当時の政治には欠かせない文献でした。

そして、13歳になり、自分の元服の準備が進められていることを知った道元は、遂に出家の決意をして、深夜に家を抜け出し、比叡山の麓の良観の家まで歩いて訪ねていきます。元服すると官位が与えられて、政治家の道から逃れられなくなると思ったのでした。

良観は、突然かつ早朝の訪問に驚きました。しかし、道元の出家の決意が固いことを理解すると、養父の師家や祖父の基房を説得し、比叡山延暦寺に送ることにしました。延暦寺は、最澄による創建からすでに400年以上が経ち、天台宗総本山でありながら、無数の堂塔が立ち並ぶ仏教の総合大学的な存在となっていました。

法然・親鸞・栄西・日蓮など鎌倉新仏教の教祖も、みんなここで修行しています。こうして、道元も、仏教の世界に飛び込むことになったのです。

なぜ道元は比叡山を後にし、宋に渡ることにしたのか？

道元は、延暦寺で1年近く修行をしたのち、1213年4月、第70世天台座主の公円について剃髪・得度し、このとき仏法房道元の名が与えられました。

しかし、天台宗は、最澄亡き後、円仁《えんにん》を祖とする山門派と、円珍《えんちん》を祖とする寺門派に分かれます。2派は、仏教解釈の相違もあり、その末流の対立は激化。993年、山門派が比叡山の寺門の坊舎を焼き払ったため、円珍らは山を下りて園城寺に入り独立し、寺門派となりました。円仁らは延暦寺に拠って山門派と称しましたが、その後も内部分裂や派閥抗争が続いていました。さらに僧兵も横暴となり、世俗化も進んでいたのです。

道元は純粋に仏教への求道心から出家したのですが、道元が見たものは、戒律を守らない僧侶や、名声や地位を得るために修行している僧侶ばかりでした。指導者も「修行を重ねて名の知れ渡る高僧になれ」と教えていたのです。道元は、こうした修行に疑問を持たざるを得ませんでした。

道元は中国の高僧について書かれた『高僧伝』などを読み、地位や名声を求めることは、僧侶の本当の生き方ではなく、俗世間の利益や名誉を求める心を捨てて生きる道こそが、僧侶としてのあるべき生き方だと知りました
さらに道元は、もうひとつ大きな疑問に突き当たっていました。それは『本来本法性、天然自性身』（人の身体はもともと仏の身体であり、人は誰も生まれながら仏の性質を身につけている）という天台宗の教えの根本にある「本覚論」という考え方です。「もし、本来人は仏であるならば、なぜ仏となることを願い、厳しい修行を積む必要があるのだろうか」というのが道元の疑問でした。

こうした疑問は、誰にぶつけても、どんな書を読んでも、納得できる答えは得られませんでした。むしろ、悟っているから、すべての所業が仏の所業として許されると解釈され、かえって僧侶の堕落を招いているようにさえ思えました。

あるとき、道元は下山許可をもらい、1年ぶりに良観を訪ね、悩みを打ち明け

ました。良観は「あせってはならぬ、機縁を待て」と諭したうえで、寺門派で園城寺（三井寺）座主の公胤への紹介状を書いて道元に渡したのです。公胤は、道元の伯父筋にあたる人物でもありました。

その後、道元は公胤を訪ねましたが、やはり答えは得られません。道元の疑問は、理論と現実の間にはらむ矛盾で、実践を通してしか解決できないものでした。そして、道元に入宋を勧め、すでに2回も入宋している臨済宗の開祖である栄西を紹介したのです。

こうして、入宋への希望も抱きながら、建仁寺へ栄西を訪ねることにしたのです。栄西は、やはり比叡山で修行しましたが、60歳も上の大先輩。やはり山門派と寺門派の抗争に失望し、宋に渡ったのでした。

そして、そこで彼が見たものは、天台教学ではなく、禅の流行でした。

1214年、道元と会った栄西は、高齢かつ鎌倉にいることが多かったため、弟子の明全を紹介します。しかし、翌年栄西は亡くなり、1216年に公胤が亡くなり、1217年には叔父の良観が亡くなる不幸が続きました。こうして、道元は遂に比叡山を降りることを決意。建仁寺の明全のもとで修行に励むことにしたのです。ときに道元18歳、明全34歳でした。

これより後、道元は禅に傾倒し修行を重ね、その4年後、明全から僧侶としての印可(悟りの証明)を受けます。そして、明全とともに、真実の教えを学び、本当の師に会いたいと志をひとつにして、入宋の準備をして機会を待つことにしたのです。当時の日宋貿易で渡宋した日本船は、正式には30年間に7回に過ぎませんでした。

1221年、世間を震撼させる承久の乱が起きました。朝廷と武士が激突し、北条氏が1か月ほどで勝利した戦いです。後鳥羽上皇は隠岐に流され、多くの関係者が処罰・処刑されました。道元の父親の家系の村上源氏の一族の多くも悲運に見舞われました。これを機に、幕府は朝廷を監視する六波羅探題を京都に置き、以後、明治維新まで600年以上に渡り、朝廷に対する武家政権の優位を決定づけた戦乱でした。

道元は、入宋手続きのため六波羅探題に出入りしているときに、波多野義重という独眼の鎌倉武士と親しくなりました。義重は、承久の乱で右目を矢で射抜かれましたが、それを引き抜き、すぐに射返したという逸話のある強者です。1223年、朝廷と幕府からの入宋許可が下りたことを道元に知らせてくれたのは義重でした。その後、道元を生涯に渡って物心両面で支え、越前に移る道筋を作った人物でもあります。

ちなみに、後鳥羽上皇の後、法然に帰依していた後高倉院が上皇になると、それまで念仏を弾圧していた僧侶たちが念仏に帰依するようになり、親鸞にとっては承久の乱が、念仏が広がる大きな転機となりました。前世紀から末法思想が広がっており、浄土信仰と念仏は、広く支持を集め始めていたのです。

道元は、船に来た老人に何を学んだのか？

1223年2月、いよいよ道元と明全は、宋に向けて旅立ちました。3月下旬に博多を出帆して、途中暴風雨に遭ったり、下痢に悩まされたりしたものの、4月上旬には、なんとか明州の寧波に着岸できたようです。明全は、5月には上陸し、栄西ゆかりで禅宗五山のひとつの太白山天童景徳禅寺（通称：天童山）に滞在しています。しかし、道元は、7月まで3カ月間、なぜか船中にとどまったままでした。

入国許可は下りたため、近隣の寺院を視察などはしたのですが、道元だけ天童山への入山許可が、すぐには下りなかったようです。しかし、上陸したことで、勉強してきた中国語が不十分なことを痛感。大谷哲夫さんの小説『永平の風・道元の生涯』には、多少日本語のわかる役人を紹介してもらい船に招き入れ、中国語を特訓して入山に備えたと描かれています。

この間、道元は、その思想の開花に大きな影響を与える出会いをします。日本産の椎茸を買うために、60歳ほどの老僧が船にやって来ます。そのときのエピソードが著書『典座教訓《てんぞきょうくん》』に書かれています。

道元は、椎茸を無事買って帰ろうとする老僧に、何かの縁だから泊まっていくようにすすめます。しかし、老僧は、明日は端午の節句なので、食事を私がつくらないと具合が悪いと断ります。道元は、あなた一人がいなくてもなんとかなるのでは、と食い下がりました。

しかし老僧は、私はこの老年に及んで、厨房を任される典座《てんぞ》の職につき、ありがたい修行をさせてもらっている。他人にまかせられないと言うのです。道元は、あなたほどのお年で、なんでそのような骨の折れる仕事をされているのか。坐禅をしたり古人の禅の語録などを読んだりした方が、より修行になるのではないかと、さらに問いかけました。

すると老僧は、「あなたは、まだ修行や文字のなんたるかを、よく御存じない」と答えたのです。道元は、この言葉を聞いて驚き、かつ恥じ入り、すぐに「いまおっしゃった修行とは文字とは何かを是非お教えください」と問い返しました。すると、老僧は「いま質問されたその気持ちを、いつまでも忘れないでいれば、必ずわかる日が来ます。もし、わからなければ、後日私を訪ねてください」と言い残して帰っていったのです。

その約2か月後、道元は無事天童山へ入山でき、明全とも合流します。すると、ほどなく「典座をやめて郷里に帰ることになったから」と老僧の方から訪ねてきてくれたのです。以下2人の対話です。

道元「本来ならば私から参上すべきところを恐縮です。どうか、先日お話された文字と修行についてお教えください」

老僧「文字を学ぶ者は、文字の本質を知らなければなりません。修行を務める者は、修行の本質を把握しなければなりません」
道元「文字の本質とは？」
老僧「1・2・3・4」
道元「修行の本質とは」
老僧「ありのまま」

道元は「この会話以外にも、話し合ったことは多くあったが、この会話の印象があまりにも強かったので、他のことは書く気がしない。私が、いささかなりとも『文字』を知り『修行』の何たるかを理解できたのは、この老僧のおかげである」と書き残しています。

道元は、この典座から、修行とは坐禅をしたり語録を読んだりすることだけではなく、日常生活のあらゆることが大切な修行であることを教えられたのです。

道元は、天童山の修行者に何を学んだのか？

天童山での修行中には、こんなエピソードも残されています。道元は、昼食を終えて移動中、年老いた典座が、仏殿の前の中庭で、きのこを天日に干しているところに出くわしました。暑い真夏の日中で、日笠もかぶらずに作業をしています。彼の背骨は、弓のように曲がり、汗を流しながら、いかにも苦しそうに見えました。

道元が年齢を聞くと68歳とのこと。そこで道元は「なぜ、若い僧や雇い人を使わないのですか」と尋ねました。すると

「他人がやったのでは私の修行にはならない」と答えました。また、「なぜ、日中の暑い今やる必要があるのですか」と尋ねると、「今やらないで、いつやるのですか」という言葉が返ってきたのです。道元は、この老典座から、何事も自分でやらなければ自分の修行にはならないこと、そして、いつかやろうと思っていたら、結局はできるものではないことを学んだのでした。

また、清貧に甘んじ、四川省の出身の修行僧は、粗末なよく破れる紙の衣を着ていました。ある人が見かねて「郷里に帰ってせめて衣服くらい整えてきては」と問いかけました。すると彼は「私の郷里は遠いので、往復の時間がもったいない。学ぶ時間を失いたくないのです」と答え、まるで気にかける様子もありませんでした。

さらにある時、道元が古人の語録を読んでいると、その四川省の出身の僧から「語録は何のために見ているのですか？」と聞かれました。道元は「国に帰って人を教え導くためです」と答えましたが、さらに「何のために教え導くのですか？」と聞かれ、「衆生を救うためです」と答えました。しかし、「結局のところ何のためになるのですか？」と問い詰められ、道元は返事に窮してしまいました。

この僧からは、道元は、語録や仏典を読んで頭で理解するだけでは修行にならず、教えを実践し、体験し体得することの必要性を気づかされました。そして、道元は、次第に坐禅の修行に専念するとともに、日常生活がそのまま修行であり仏法の現れであると理解するようになっていったのです。

天童山では、このように日本にはいない多くの優れた僧に出会うことができました。しかし、道元は、いまだ全身全霊で師事できる正師と言える人には出会えずにいました。当時の中国は、天童山を含め臨済宗が中心となっていましたが、すでに書いたような真摯な求道僧がいる一方、日本と同様、地位や名声を求め、貴族趣味に染まっている僧も少なくありませんでした。

当時の天童山住職の無際了派《むさいりょうは》も、名の知れ渡った高僧でしたが、すでに76歳で意欲も衰え、純粋な求道心一筋の道元には、彼のなかには正師を見い出せなかったようです。実際、無際了派は道元に印可を与えようとしましたが、「みだりに印可を授けたもうな」と断っているのです。こうした経緯から、1224年、道元は正師を求める旅へと、遂に一人天童山を後にしました。

どのようにして道元は正師と出会い、印可を得られたのか？

そして、道元が巡ったのは、のちに浙江省と呼ばれる多数の仏教寺院が散在する地域でしたが、心より慕い付き従うことのできる正師には、半年以上経っても出会えません。もう無理かもしれないと失望感が強まっていたある日、一人の老僧に出会いました。

道元が正師を求めて旅していることを伝えると、如浄《にょじょう》に会ってはどうかと勧められました。なんと、道元が天童山から旅立った後、無際了派は没し、その後任として如浄が入山したというのです。道元も、厳しい指導をする如浄の評判は耳にしていましたが、まさか自分がいた寺の住職になっていたとは知りませんでした。道元は急いで天童山に戻ることにしました。

道元は、8カ月ぶりに天童山に戻り、如浄に会うことができました。如浄は、簡素を好み求道に徹し、皇帝から紫衣を贈られてもこれを拒否するなど、政治権力には一切近づかない異色の存在で、まさに道元が求めていた正師に足る人物でした。一方、如浄も、一見して道元の非凡な器量を見抜いたのでした。こうして、如浄のもとでの道元の修行生活が始まりました。

如浄の指導は、ただ厳しいだけではなく、坐禅を修行の第一にしている点に特長がありました。これまでの禅は、師から公案（課題）が与えられ、読書や坐禅を通してそれを解くことで悟りに至る「看話禅」「公案禅」でした。そこでは、坐禅は悟りを得るための手段のひとつで、悟りとは、修行（坐禅）の結果として得られるものと道元も理解していました。

しかし、如浄は「もっぱら修行すべきは坐禅である。坐禅が悟り（身心脱落）である。焼香・礼拝・念仏・看経などは用いず、ただ坐禅をすればよいのだ」と説いていたのです。道元は、まだ十分には理解はできないまま、如浄のことを固く信じて、ひたすら坐禅に打ち込みました。

しかし、ほどなくして、ともに入宋した明全が亡くなります。その明全の無念の思いをも受け止め、道元は、なんとしても真の仏法を体得しなければという願いが一層強まりました。そこで道元は、如浄に個人指導を懇願する書状をしたため、日本での発心から、入宋の経過、そして今に至る求道への熱い心を吐露しました。

すると、すぐに「あなたが問いたいことがあったら、昼夜を問わず、袈裟を着けても着けていなくても、私の部屋に来てかまわない。父親が息子の無礼を許すように迎えよう」との返事をもらいました。容易には入門すら許さず、入門しても道を求める心の乏しい者はすぐに追い出す厳しい如浄としては、破格の待遇でした。こうして、その後道元は頻繁に如浄のもとを訪れ、多くの問答が交わされ、その内容は『宝慶記』として残されています。

それから1カ月半ほどたったある日、明け方の坐禅をしていたときのことでした。道元の隣で居眠りをしていた僧に対し、如浄は「居眠りするとは何事か。坐禅は一切の執着を捨て身心脱落しなければならないというのに」と一喝しました。このとき、如浄の一喝は、道元の身体をも突き抜け、時空を超越しました。自分の身と心が、あらゆるものから解き放たれたことを実感したのです。悟りが得られた瞬間でした。道元は、如浄に身心脱落したと報告し、如浄は道元が真に悟ったことを認めたのでした。道元26歳のときでした。

道元が抱き続けていた疑問もここで解消していきます。確かに、人間には仏性が生まれながらに備わっています。しかし、それは修行をしないと現成（実現）しません。たとえ現成したとしても、それを実証しなければ意味がありません。実証して悟りを自覚することこそ坐禅だったのです。「只管打坐」とはそういう意味だったのです。

1227年、道元は、如浄の法を受け継ぐ証明を受け、後継者の一人となっていましたが、いまだ如浄の側に仕えていました。この頃、如浄の老衰はひどく、余命幾ばくもないと思われたため、道元は如浄を看取ってから帰国するつもりでした。しかし如浄から「道元よ、お前はまだ若いが、すでに老高僧の風格がある。早く日本に帰って正伝の仏法を広めるのだ」と勧められ、遂に帰国を決意します。

そして「帰国しても、国王や大臣に近づいてはいけない。街中や城に住むのではなく、深山幽谷に住み、一人でもいい、半人でもいい。仏祖の正法をしっかりと受け継ぐ弟子をつくり、我が宗を断絶させることのないように」と諭されました。入宋して4年余が経っていました。

帰国時には、寂円という僧が、道元を慕い日本に連れていってくれと懇願します。道元は、その気持ちを痛いほど受け止めますが、「まだ時期ではない。時期がくれば再会を信じたい」と話し、港まで随行してくれた寂円に別れを告げます。こうして1227年7月、道元は帰国の途についたのでした。

どのようにして道元は弟子たちと出会い育てたのか？

道元が帰国したときの第一声は、「空手還郷《くうしゅげんきょう》　眼横鼻直《がんのうびちょく》」いうものでした。これは「経典や仏像など持ち帰らず、手ぶらで帰国しました」「わかったことは、眼は横に、鼻は縦についているということです」という意味です。これは、当たり前のことをあるがままに受け入れ、当たり前に行うことの大切さを説いているのです。

手ぶらとはいうもの、出発の前夜に徹夜して書き写した『碧巌集』や、明全の遺骨などを持ち帰りました。これまでの留学僧は、膨大な経典や仏像を持ち帰っていたのに比べると、明らかに手ぶらに近いものがあったようです。

ひとまず建仁寺にとどまった道元は、如浄から真の仏法を会得したと確信し、その責任を心に刻み、最澄の「入唐伝法沙門最澄」になぞらえ「入宋伝法沙門道元」と自らを称しました。すると、中国から新しい仏法を持ち帰った道元とはどんな人なのか、どんな仏法なのかとうわさは広がり、多くの人が道元を訪ねてくるようになりました。

道元は、こうした人々に坐禅を広めるために、宋で学んだ坐禅の方法と意義を明らかにしようと『普勧坐禅儀《ふかんざぜんぎ》』を執筆しました。これまでの天台宗では、禅は、他の修行と兼ねて修する「兼修禅」として認められていました。しかし、道元は、禅にすべてを集約し、禅を独立させる「純粋禅」を宣言したのです。

その年の暮れ、道元に付いていきたいと懇願していた寂円が、道元の元に現れました。実は、道元が宋を離れてまもない7月17日、如浄は65歳の生涯を閉じていたのでした。寂円は、天童山に留まる意味を失い、別れて半年も経たないうちに、道元を追って日本にやってきたのでした。その後、道元と苦楽をともにしつつ、

道元を大きく支えていくのです。

1229年には、懐奘《えじょう》との出会いがあります。懐奘は、独自の禅宗である日本達磨宗の僧侶でしたが、宋から帰った道元の評判を聞き、法戦を挑みに建仁寺を訪れます。法戦は数日に及びましたが、遂に道元の考えの方が優れていることを認め、道元より2歳年上でしたが、師事を願い出ています。この時は、道元からは仮寓の身であることを理由に断られますが、その5年後、深草に興聖寺が開山すると道元を訪ね、再び師事を願い出て弟子として認められます。

そして、この後、懐奘は亡くなるまで道元に付き従い、その法話を細大漏らさず書き残し、のちに『正法眼蔵随聞記』として知られるようになるのです。

かつて栄西も、純粋な禅の教えを日本に広めようとしていましたが、当時の仏教界との摩擦や迫害を避けるため、開いた道場は、天台宗や真言宗の布教も兼ね備えたものでした。しかし、道元は、そのような妥協をまったく考えませんでした。当時新しい仏教は、朝廷からの勅許を必要とされていましたが、道元は、禅宗の勅許は仏祖の段階で得ているとして、改めて勅許は不要と言い切りました。

そのため、従来の僧たちの目には、道元は一種の脅威として映り、それは次第に反発へと変わっていったのです。『普勧坐禅儀』の執筆により、道元の立場は明らかになり、支持する人が増える一方、従来の仏教界、とくに比叡山の僧からは挑戦と見なされ、大きな反発を生んだのでした。専修念仏を排斥したときと全く同じでした。

しかも、もともと建仁寺は、延暦寺の末寺として天台宗に属し、臨済宗系の兼修禅の立場であったため、道元の立場とは、相容れないものがありました。また、明全がいたころは、まだ栄西の禅風が残っていましたが、道元が戻ってからの建仁寺は、僧たちも名ばかりで、俗世間と変わらない状態になっていたのです。

そして、すでに比叡山の僧兵が、道元の庵を取り壊し、道元を洛外に追放しようとしているという情報まで流れてきました。そのため、道元は、建仁寺から南へ6~7キロ離れた山城の深草（現在の京都市伏見区）にある安養院に閑居することにしたのです。１２３０年のことでした。

道元は、そうした環境のなかでも、自らの教えを明らかにし、それを人々に伝えようと、1231年に『弁道話《べんどうわ》』を書き著しました。先の『普勧坐禅儀』が坐禅の具体的方法について示したのに対し、『弁道話』は坐禅の意義を明らかにし、後世になって『正法眼蔵』にも組み入れられています。

これまで坐禅とは、悟りを得るためのひとつの手段であり、悟りを得ることを目的とした修行（習禅）と思われていました。人々に坐禅を勧めるには、こうした誤解を正していく必要がありました。

坐禅は、悟りを得るための苦行ではなく、誰もが成仏できる「安楽の法門」（煩悩や苦悩からの解放）の行であり、悟りの行であり、仏の行でもありました。坐禅修行と悟りの証明は一体、すなわち「修証一如」であると説き、禅の本質を明らかにしたのです。

どのようにして道元禅は日本に広まったのか？

閑居の身ながら、道元の禅は次第に広く知られるようになってきました。この頃は、地震や水害も頻発し、路上に餓死者があふれるような大飢饉も発生していました。まさに末法思想が現実化したような状況があり、専修念仏も広がっていましたが、道元はそのいずれも否定しました。そして、坐禅をすることこそ、人間を真に救済しうるものという立場を明確にし、在俗の信者も次第に増えていったのです。

こうして、禅の道場の必要性も高まってきました。そして、宋から帰国して6年の歳月を経た1233年、安養院にほど近い同じ深草の極楽寺跡に、遂に宝林禅寺（興聖寺）を開くことができました。

ようやく自らの仏法の拠点ができ、道元は、弟子の養成と坐禅の普及に本格的に注力していくことになります。その後、道元の名声は、ますます知れ渡り、伽藍も整備されてくると、さらに多くの僧侶や一般信者が集まりました。また、道元は、この時期にライフワークとなる『正法眼蔵』の執筆を始め、その冒頭におかれた『現成公案』もこの時期に書かれました。

1241年には、懐奘と同じ日本達磨宗の僧侶7名がまとって入門しています。そのなかには、道元亡き後、懐奘に師事し、永平寺3世となった義介《ぎかい》もいました。

道元は、こうして、正法の教えを世に広める好機を迎えていましたが、一方では、天台宗以外は一切認めようとしない比叡山からの圧迫も強まっていました。

また、1207年には、後鳥羽上皇によって念仏が禁止され、浄土宗の法然の弟子4人が死罪とされ、法然と浄土真宗の親鸞ら弟子7人が流罪にされる事態が起こっていました（承元の法難）。これは必ずしも、比叡山が直接関係している事件ではありませんが、新しい宗教が広がることが、当時いかに困難だったかを物語っています。

1242年、四条天皇が12歳で崩御す

ると、新たな天皇となったのは後嵯峨天皇でした。なんと道元にとっては甥にあたる人物です。承久の乱以後、道元の父方の村上源氏の久我一族は、落ちぶれていましたが、これを契機に復活。久我家は天皇の外戚として権力を獲得することになったのです。

こうした情勢や俗縁の人たちの後押しもあり、道元は、母方の縁者でもある近衛殿の邸宅で法談を行うことになりました。道元の話に興味を覚えた近衛殿は、微力ながら力になりたいと伝えました。

なぜ道元は、京都から北陸に移ったのか？

しかしこうした動きが、比叡山側を刺激し、道元の父親に失脚させられた九条兼実の直系の一族からも反感を買うことになったのです。

また、この時期、道元は、『護国正法義』を著し朝廷に奏上しています。栄西の『興禅護国論』を意識した書名で、むしろ自己の宗旨こそが護国正法であるとする内容ですが、道元が直接奏上したのではなく、近衛殿が道元の知らないところで話を進めたのかもしれません。

この奏上に対し朝廷側もとまどい、比叡山に判断させたところ、一個人の独善的主張に過ぎないと一蹴され、朝廷も却下してしまいました。そうなった以上、道元にも、比叡山が「朝廷の許可も得られないような宗教は継続すべきではない」と圧力をかけてくることは目に見えていました。

さらに、波多野義重が、道元を招いての説法の会場に、うっかり六波羅蜜寺を使ったこともありました。この寺は比叡山の末寺であったため、そこで道元が説法を行ったことを比叡山は激怒。また迫害の口実が増えてしまったのです。

それからまもない日の未明、比叡山の僧兵たちが興聖寺に押しかけ、道元に退去を呼びかけるとともに、法堂と僧堂の一部を破壊してしまったのです。この程度で済んだのは、道元が時の天皇の叔父であったからかもしれず、今後のことを考えると、いよいよどこかに移るしかなくなってきました。

すでに前年から、義重は懐奘と移転先について、義重の領地である越前を検討していましたが、道元の心もすでに移転に傾いていました。昨年夏には、宋から『天童如浄和尚語録』が届き、如浄の「街中や城に住むのではなく、深山幽谷に住め」という教えを、改めて噛みしめ直していたのです。こうして、10年に渡った興聖寺での活動は終わり、越前で新たな展開を目指すこととなったのです。

興聖寺は2人の弟子に託し、道元は懐奘、寂円、義介らとともに北陸は越前に向けて出発しました。「北越入山」「越前下向」などと言われています。

しかし、越前とはいっても、今回の場

所はまさに如浄のいう深山幽谷の地。冬は雪深く寒さも厳しいところで、華やかな京都とは全く異なる山里で、前途多難な一からの再出発でした。当時の一行は10人前後だったと思われますが、食料の調達は苦難を極めました。幸い一行には越前出身の義介がおり、この地をよく知っており知人も多かったため、なんとか乗り切ることができたようです。

道元たちは、当面は吉峰寺という古寺に身を寄せながら、波多野義重の厚い支援のもと、新たな拠点として、中国の天童山にも模した本格的な禅寺の建設を急ぎました。

それからわずか1年余。道元の悲願であり理想としていた本格的な修行道場の大仏寺が遂に開山。名前の由来は、波多野義重の恩義に報いるため、その法号にちなんだものでしたが、1246年には「永平寺」と改称しました。これは、中国に仏法が最初に伝えられたのが、永平年間だったことに習い、この寺こそが日本における正しい仏法の最初の寺であると宣言したのでした。

こうして、永平寺では、如浄の教えを受け継ぎ、厳格な修行が行われることになりました。道元は、日常生活におけるあらゆる行いが修行であり、その修行は悟りを開くための手段ではなく、かけがえのない大切な行為であることを説きました。そのため、一瞬一瞬を大切にし、真剣に生きることを求めました。

俗世間から隔絶した深山幽谷の地での修行であったため、大衆への布教という側面は後退し、もっぱら本物の仏教者の養成に主眼が置かれた形となりました。

なぜ道元は、北条時頼に会いに鎌倉に向かったのか？

北陸に入り4年が経ち、ようやく永平寺での修行生活の基盤が整ってきた頃、鎌倉にいる波多野義重から、思わぬ手紙が届きました。鎌倉に来て北条時頼に会ってほしいというのです。時頼は執権になったばかりで、当時21歳。つい数カ月前には、北条氏によって、有力な御家人であった三浦氏一族が滅ぼされるという宝治合戦（三浦氏の乱）があったばかりで、鎌倉は武士の勢力争いの修羅場となっていたことも関係していたようです。

道元は、如浄の教えもあり、権力に近づくことは避けていましたが、これまで全面的に支え続けてくれた義重への恩義に応えるため、そして幕府の貿易船に便乗して入宋できたことへの恩義もあってか、鎌倉行きを決意しました。「鎌倉下向」です。懐奘ほか数名とともに京都経由で向かいました。

もともと禅は、武士の気風と合っていたこともあり、道元の法話は、時頼らには好意的に受け止められ、しばらくして道元も、時頼に菩薩戒を授けました。そして、時頼は、鎌倉に大寺院を創建したいので、開山になってほしいとまで持ちかけます。しかし、道元は固辞し、半年後、永平寺に戻ることになります。ちなみに、この寺院創建の話は、宋から来日した臨済宗の蘭渓道隆が開山となって、1253年に有名な建長寺が創建され実現しています。

道元は、永平寺に戻ってから、弟子たちにこう語りました。「私が山を離れて鎌倉にいた半年あまりは、大空に孤独な丸い月がかかるようであった。今日、山に帰ってきて、雲が喜んでいるように感じるし、山を愛する気持ちは、以前よりも深いものがある」。そして、道元は、山内にも鎌倉行きに対する疑問の声があったため、自分の仏法は、私自身が、仏法を明らかに悟り（明得）、それを正しく言葉で説明でき（説得）、それをすべて信じ（信得）、さらにそれをすべて行じてきた（行得）ものだと宣言しました。

道元のなかには、広く衆生救済のため、在俗の信徒を強化する気持ちもあり、鎌倉行きにはそうした狙いもあったのかもしれません。しかし、戻ってからの道元は、完全に世俗や権力から離れ、如浄の教えに従い、自分が体得した正しい教えを継承する真の弟子の養成に、ひたすら専念する形となりました。

道元は、死を前にして何を語ったのか？

しかし、1252年5月、道元はかつてない体の不調を感じます。それでも年内は、これまでと変わらず説法や修行に努めていましたが、先が長くないことを感じたのか、年明け早々から、自分が亡き後のために「八大人覚《はちだいにんがく》」を書き上げました。『正法眼蔵』の最後に収められた記述で、これが絶筆となります。「大人」とは仏の別名で、「八大人覚」は修行者が仏として真実に目覚めなければならない8つの道を意味しています。

すなわち、

①少欲（欲を持たない）
②知足（満足する）
③楽寂静（静かな生活を送る）
④勤精進（不断の努力をする）
⑤不妄念（正しく精神を集中する）
⑥修禅定（正しい参禅生活を送る）
⑦修智慧（叡知を身につける）
⑧不戯論（無駄な雑談・議論をしない）

の8つです。もともとは釈迦が亡くなるときに語った最後の説法と言われているものですが、道元はこれを解説し、これを習学し深めれば、最高の悟りに達することができ、その暁には、衆生のためにこれを説くことになり、それは釈迦の説法に等しいとしています。

翌年も、道元の症状は悪化の一途をたどり、心配した波多野義重は、京都で医者に見てもらい養生することを勧めます。鎌倉行き以後、道元は生涯永平寺を離れない覚悟だったのですが、これを受け入れ、永平寺住職を懐奘にゆずり、その後の経営を義介に任せることにします。そして、懐奘と寂円ほか数人が随伴し、8月5日に京都へ向かいました。京都は、道元の生まれ故郷ですが、釈迦も、死期を悟っての故郷への長旅をしており、まさに重なるものがあります。

京都では、俗弟子の覚念の邸宅に、義重らが待っていました。ここで道元は療養し、多くの医師に見てもらい、さまざまな薬も服用しましたが、症状は一進一退でした。8月15日には、中秋の名月を見て、病床から次のような句を詠んでいます。

また見むと　おもひしときの　秋だにも
　今宵の月に　ねられやはする
――(また見たいと思っていた中秋の名月を、こうしてまた見ることができてありがたいことだ。今宵の月をいつまでも眺めていたく、今日は寝られそうもない)

しかし、病状は悪化し、1253年8月28日、遂に道元は息を引き取りました。54歳の生涯でした。ひたすら真の仏法を求め続け、それを体得し、如浄の教え通り後継者を育て、750年後の今日まで伝えられる、まさに日本における純粋禅の創始者でした。

道元の亡き後、その教えはどのように受け継がれたのか？

道元の亡き後は、懐奘が永平寺を受け継ぎ、その教えを後代に伝えることに力を尽くしました。その後、内部対立などから、義介や懐奘が交互に住職を引き継ぎますが、義介は、その後、加賀国で真言宗の寺だった大乗寺を禅寺に改めて開山となります。このため、道元の法系は永平寺と大乗寺に分かれることとなりました。

その弟子には、曹洞宗発展の基礎を築き、大乗寺の２世になった瑩山紹瑾《けいざんじょうきん》がいます。この代に至って、ようやく衆生救済の流れは、花開いたと言えそうです。

その後、瑩山は、いくつかの寺を開山し、１３２１年には、能登に總持寺を開山します。横浜にある總持寺は、１８９８年に、能登の總持寺が火災で消失し、１９１１年に移転してできたものです。

永平寺の方は、波多野氏の援助も弱まっていたため、寺勢は急激に衰え、一時は廃寺寸前まで至りましたが、５世の義雲が再興し、その後の基礎を固め発展し、現在では、永平寺と總持寺が「両大本山」となっています。

なお、道元は曹洞宗の開祖とされていますが、道元は自らの教えを「正伝の仏法」として、当時は特定の宗派名を称することは一切していませんでした。曹洞宗という言い方が使われるようになったのは、瑩山の頃以降のようです。

■道元の生涯・年表　※年号は西暦 / (　) 内は年齢 / 月日は旧暦

1200 (1) 1月2日、京都の松殿山荘（現在の宇治市）に生まれる
1202 (3) 父の通親が54歳で急死
1207 (8) 母の伊子が39歳で病死
1212 (13) 叔父の良観を訪ね、その尽力で比叡山延暦寺に出家
1213 (14) 第70世天台座主公円により剃髪／仏法房道元の名を授かる
1214 (15) 寺門派で園城寺座主公胤を訪ねる／建仁寺へ栄西を訪ねる
1215 (16) 栄西亡くなる
1216 (17) 公胤亡くなる
1217 (18) 良観亡くなる／建仁寺の明全のもとで修行に入る
1221 (22) 明全から僧侶としての印可を受ける／この年、承久の変
1223 (24) 明全とともに宋に渡り、天童山に入る
1224 (25) 正師を求める旅に出て天童山を後にする
1225 (26) 天童山に戻り、正師となる如浄に出会う
1227 (28) 帰国し建仁寺に入る／寂円来日／『普勧坐禅儀』執筆
1229 (30) 懐奘、道元に法戦を挑み敗れる
1230 (31) 比叡山の圧迫が強まり、安養院に移る
1231 (32)『弁道話』執筆
1233 (34) 興聖寺を開き移る／『現成公案』執筆／ 懐奘弟子入り
1241 (42) 義介ら日本達磨宗の僧侶7名が弟子入り
1242 (43)『護国正法義』執筆、朝廷に奏上
1243 (44) 比叡山の圧迫さらに強まり、北陸へ入山
1244 (45) 大仏寺竣工
1246 (47) 大仏寺を永平寺と改称
1247 (48) 鎌倉へ呼ばれ北条時頼と面会
1248 (49) 鎌倉から戻り、出家者育成に注力
1252 (53) 体に不調を感じる／『八大人覚』執筆・絶筆となる
1253 (54) 療養のため京都に移るが、8月28日に亡くなる

あとがき

私は、これまで何冊もの本を書いてきましたが、いずれも主に経営者向けの本でした。しかし、２０２０年に女性向けの『禅―happiness』、２０２１年に一般向けの『禅で変わる勇気』、そして２０２４年に本書『リーダーのための道元禅入門』と続けて上梓しました。

これは、ひとえに、さまざまな角度から、禅の考え方と魅力を知っていただき、さまざまな立場の方に、坐禅を始めていただくとともに、生活や仕事に生かしていただきたいとの一心からです。

坐禅を始めるのに、お金も道具もいりません。誰でも、いつでも、どこでも始められます。必要なのは、ほんのちょっとの勇気。まさに『禅で変わる勇気』です。そして、いい習慣を身につけることです。

なかなか自分だけでは、という方は、坐禅会に参加することをおすすめします。私も、早朝坐禅会やオンライン坐禅会を主催していますので、よろしければ、巻末の案内もご参照ください。

2024年1月吉日

一般社団法人経営禅研究会代表理事
ISK経営塾塾頭/経営コンサルタント
マネジメント禅マスター協会理事
飯塚 保人

参考文献

・寺田透・水野弥穂子校注『日本思想史大系 道元』(上・下) 岩波書店 1970
・水野弥穂子訳『正法眼蔵随聞記』 ちくま学芸文庫 1992
・山崎正一全訳注『正法眼蔵随聞記』 講談社学術文庫 2003
・秋月龍珉『「正法眼蔵」を読む 現代を生き抜く120の知恵』 PHP研究所 1982
・秋月龍珉『「正法眼蔵」の知恵100』 PHP研究所 1984
・ひろさちや『すらすら読める正法眼蔵 講談社 2007』
・田里亦無『道元禅入門』 産業能率大学出版部 1973
・田里亦無『指導者を鍛える「道元禅」の研究』 PHP研究所 1983
・田里亦無『愚者の「さとり」』 産業能率大学出版部 1988
・飯塚保人『禅と経営』 ミリオン・スマイル 2010
・梅原猛ほか『仏教伝来〔日本篇〕』 プレジデント社 1992
・玉城康四郎編『日本の仏教思想 道元』 筑摩書房 1969
・竹内道雄『人物叢書 道元 新稿版』 吉川弘文館 1992

参考文献

・角田泰隆監修『道元　いま、此処、このわたしを生きる』平凡社　2012
・大谷哲夫編著『道元読み解き事典』柏書房　2013
・大谷哲夫『永平の風　道元の生涯』文芸社　2001
・浜田けい子『道元禅師物語』金の星社　1999
・榑林皓堂『現成公案を語る　今を生きる正法眼蔵講讃』大法輪閣　1991
・山田史生『絶望しそうになったら道元を読め！』光文社新書　2012
・村田和樹『わたしを生きる　現代語訳「正法眼蔵・現成公案」』田畑書店　2019
・赤根祥道『道元禅に学ぶリーダーの決断』ダイヤモンド社　1986
・赤根祥道『心を磨く道元禅108の知恵』にちぶん文庫（日本文芸社）1994
・青山俊董『道元禅師・今を生きることば』大法輪閣　2006
・正木晃『日本のリーダーはなぜ禅にはまるのか』柑出版社　2017

※この他、インターネット上の情報も多数参考にさせていただきました。
この場をお借りして、先達の研究成果に厚く御礼申し上げます。

■著者プロフィール

飯塚 保人（いいづか・やすんど）

一般社団法人経営禅研究会代表理事
ＩＳＫ経営塾塾頭／経営コンサルタント
マネジメント禅マスター協会理事

学生時代に会社を設立し、大手企業のシステム開発、ＯＡ機器販売を手がける。取引先より経営相談を頻繁に受けたことをきっかけに、企業・経営者の育成を目的としたアイエスケー・コンサルティング株式会社を設立し、「ＩＳＫ経営塾」を主宰。

以来、通算110期を超える経営塾で、塾頭として経営トップ及び経営幹部の指導を行い、卒業生はおよそ3,000人を越える。

経営コンサルタントのベースを禅から修得したため、禅に対する造詣が深く、経営の悩み・苦しみ・楽しみ・喜びなど経営者の気持ちが解る指導者として評価が高い。経営の基本、原理・原則を踏まえた上での、時流を的確に捉える指導法で企業の経営改革に数々の実績を上げている。顧問先はいずれも史上最高の決算を出しており、“勝ち続ける経営”を指導する第一人者として活躍中。

著書に『日めくり 人生をひらく絶対積極』（JDC）、『1分間経営術』（致知出版社）、『社長の着眼』（ＪＤＣ）、『できるビジネスマンはここが違う』（現代書林）、『今すぐはじめたい50の原則』（現代書林）、『会社を伸ばし人を育てる愚直経営』（リヨン社）、『禅 happiness』『禅で変わる勇気』（平成出版）、『経営キーワード集』『To Do List』（ＩＳＫ）などがある。

・東京青年会議所シニア会員
・東京紀尾井町ロータリークラブ会長（2004～2005年）
・経営禅研究会主宰

経営禅研究会主催の坐禅会です。

■経営禅研究会

開催：毎月第２木曜日
時間：18:00 ～ 20:00
場所：林泉寺（東京都文京区）
https://www.keiei-zen.com

QR コード→

■早朝坐禅会

開催：毎月最終金曜日
時間：6:30 ～ 8:30
場所：ISK コンサルティング（株）
　　　会議室（東京都千代田区）
https://www.isk.ne.jp/zen/morning_zen.html

QR コード→

■オンライン坐禅

開催：毎月第３土曜日
時間：7:00 ～ 8:30
場所：zoom にて
https://www.zen.isk.ne.jp

QR コード→

お問い合わせ先：　経営禅研究会 03-3230-1850
to-member@keiei-zen.com

平成出版 について

本書を発行した平成出版は、基本的な出版ポリシーとして、自分の主張を知ってもらいたい人々、世の中の新しい動きに注目する人々、起業家や新ジャンルに挑戦する経営者、専門家、クリエイターの皆さまの味方でありたいと願っています。
代表・須田早は、あらゆる出版に関する職務（編集、営業、広告、総務、財務、印刷管理、経営、ライター、フリー編集者、カメラマン、プロデューサーなど）を 経験してきました。そして、従来の出版の殻を打ち破ることが、未来の日本の繁栄 につながると信じています。
志のある人を、広く世の中に知らしめるように、商業出版として新しい出版方式を実践しつつ「読者が求める本」を提供していきます。出版について、知りたい事やわからない事がありましたら、お気軽にメールをお寄せください。

book@syuppan.jp 平成出版 編集部一同

ISBN978-4-434-31698-2 C0034

リーダーのための道元禅入門
これからのリーダー諸君！

令和6年（2024）3月9日 第1刷発行

著　者　**飯塚 保人**（いいづか・やすんど）

発行人　須田早

発　行　**平成出版** G株式会社
〒104-0061 東京都中央区銀座7丁目13番5号
ＮＲＥＧ銀座ビル1階
経営サポート部／東京都港区赤坂8丁目
TEL 03-3408-8300　FAX 03-3746-1588
平成出版ホームページ https://syuppan.jp
メール : book@syuppan.jp

発　売　株式会社 星雲社（共同出版社・流通責任出版社）
〒112-0005 東京都文京区水道1-3-30
TEL 03-3868-3275　FAX 03-3868-6588

編集協力／荻須宏起、安田京祐、大井恵次
企画・執筆協力／徳留佳之
制作協力・本文DTP／Pデザイン・オフィス
Print／DOza